Erich von Däniken
GEHEIMNISSE DIESER WELT

Erich von Däniken

DIE SPUREN
DER AUSSERIRDISCHEN

C. Bertelsmann

Bildquellenverzeichnis:

Rudolf Eckhardt, Berlin: Seite 97 oben, 98 rechts oben und unten, 99 oben und Mitte, 108/109, 109 oben, 119 unten, 161, 166, 167, 168 oben, 174 oben und links unten, 175, 177 oben, Mitte links, unten, 178, 180, 181, 182, 183, 186 oben, 187, 192, 193 oben, 194, 195 oben, 196, 197, 200 links Mitte und unten, 201 unten, 207, 211 unten, 212, 213, 214/215, 216 oben, 220, 221, 222, 223.
Willi Dünnenberger, Zürich: Seite 109 unten.
Harald Reindl, München: Seite 119 oben, 123 unten.
Rodolfo Juarez Reyes, Guatemala: Seite 163 unten.
Diego Molina, Guatemala: Seite 162 unten.
Jürgen Aha, Industriedesign, Hanau: Zeichnungen Seite 153.
Ralf Lange, Zuchwil: Seite 205 unten.
Erich von Däniken, Feldbrunnen: Alle anderen Bilder.

Bei allen hier aufgeführten Personen möchte ich mich für ihre herrlichen Bilder und hervorragenden Zeichnungen herzlich bedanken.
Das Copyright aller Bilder bleibt beim jeweiligen Fotografen.

4. Auflage 1991
© Erich von Däniken
C. Bertelsmann Verlag GmbH, München 1990
Redaktion: Dr. Dieter Struß, Grafing bei München
Layout: Sebastian Strohmaier
Satz: Filmsatz Schröter, München
Reproduktionen: Lorenz & Zeller, Inning a. A.
Printed in Germany · Mohndruck Gütersloh
ISBN 3-570-09419-7

Inhalt

1. KAPITEL

WO SIND DIE ETs?

Die Frage nach Leben im Universum ist so alt wie die menschliche Intelligenz. Denker der Frühzeit, Philosophen der Antike, Astronomen des Mittelalters, Wissenschaftler der Neuzeit haben sich damit auseinandergesetzt. Seit der Mensch zu staunen vermag, wölbt sich über ihm eine milliardenfache Ansammlung von rätselhaften Lichtpunkten wie ferne Lampen unterschiedlicher Helligkeitsgrade. Lichtblitze – Sternschnuppen – durchhuschen den nächtlichen Horizont. Die grandiose, schweigsam vor sich hinleuchtende Pracht löst Sehnsüchte aus, fordert zum Denken heraus. Zwar ist die Himmelsbeobachtung nicht der älteste Zweig der Wissenschaft, die Gynäkologie ist älter, jedoch mit Sicherheit der unvergänglichste.

Menschliche Fantasie und Erfindergeist bescherten uns moderne Technik: Spiegelteleskope, Radioastronomie, Computer, Satelliten. Über den gestirnten Himmel über uns wissen wir heute weit mehr als alle unsere Vorfahren. Dennoch blieb die Frage nach extraterrestrischem Leben bis in die Gegenwart hinein unbeantwortet.

Noch ist kein präparierter Homunkulus von einem anderen Stern in einem Museum für außerirdisches Leben zu besichtigen. Noch sind keine UFO-Besatzungen vor dem Weißen Haus in Washington oder auf dem Roten Platz in Moskau niedergegangen und haben am Grabmal des Unbekannten Soldaten pietätvoll Geschenke von Sirius, Aldebaran oder Alpha Centauri niedergelegt. Noch sind keine Funksprüche von außerirdischen Lebensformen aufgefangen worden, sosehr sich unsere Radioastronomen auch bemühten, ihre hochempfindlichen elektronischen Ohren darauf auszurichten.

Dennoch ist sich die Mehrzahl der Wissenschaftler einig, daß es außerirdisches Leben geben muß, vermutlich auch intelligentes, außerirdisches Leben. Wie ist der Widerspruch erklärbar? In den letzten Jahren sind dank der Radioastronomie eine Fülle von Molekülen im Weltall entdeckt worden, darunter *organische* Verbindungen. Wie das? Ist das Weltall nicht steril und leer?

Im interstellaren Raum existieren in der Dichte von einem Kubikzentimeter etwa 0,1 bis 1000 Atome. Zur Bildung von Molekülen müssen sich Atome zusammenschließen. Sie tun das beispielsweise, wenn sie vom Licht eines Sterns, vom sogenannten »Sonnenwind«, getroffen werden. Mit der Bildung von Molekülen entsteht ein höheres Energieniveau, das eine ganz bestimmte Wellenlänge abstrahlt. So hat jedes Molekül seine spezifische Wellenlänge, die sich mit unseren hochempfindlichen Radioteleskopen einfangen läßt. Hier einige Beispiele:

Chemisches Zeichen	Molekül	Wellenlänge
OH	Hydroxyl	18,0 cm
NH_3	Ammoniak	1,3 cm
H_2O	Wasser	1,4 cm
H_2CO	Formaldehyd	6,2 cm
H_3C-CHO	Acetaldehyd	28,0 cm

Die komplexen, dem Weltall angemessenen Moleküle belegen, daß zumindest die Lebensbausteine in der Schwärze des Alls vorhanden sind. Nun ist es vom Molekül bis zur simplen Zelle noch ein weiter Weg, doch dieser Weg muß außerhalb der Erde schon zurückgelegt worden sein, denn vor Jahrmilliarden gelangten Mikroorganismen aus dem Weltall zur Erde. Entdeckt hat sie der Geologe Prof. Dr. Hans-Dietrich Pflug von der Universität Gießen. Er und seine Mitarbeiter untersuchten die ältesten Sedimentgesteine der Erde, die sogenannten Isua-Gesteine von Südwestgrönland. Mit ihren rund 3,8 Milliarden Jahren sind diese Schichtgesteine älter als alles, was an irdischem Gesteinsmaterial je mikropaläontologisch seziert wurde.

Den Fachleuten war bekannt, daß jüngeres Gestein auch Kohlenstoff organischen Ursprungs enthält, was sich durch eine Isotopen-Analyse feststellen läßt. Gesteinsmaterial wie das Isua-Gestein allerdings, das sich zu einem Zeitpunkt bildete, auf dem es auf der Erde noch keine komplizierten Organismen gab, kann vernünftigerweise auch keine organischen Spuren enthalten. Doch das Unerwartete traf zu. Bis zu drei Prozent der Gesteinsmasse der Isua-Quarziten bestand aus Kohlenstoff *organischen* Ursprungs. Dazu Prof. Dr. Pflug (1):

»Es muß also vor 3,8 Milliarden Jahren florierendes Leben auf der Erde gegeben haben: nur Organismen mit angemessener fotosynthetischer Leistung können solche Mengen an Biomasse produzieren.«

Woher diese Biomasse?

Prof. Dr. Pflug und sein Team untersuchten Meteoriten, die noch älter als die grönländischen Isua-Gesteine sind, darunter den in Australien eingeschlagenen Murchison-Meteoriten. Er wird auf runde 4,6 Milliarden Jahre datiert. Zur Verblüffung der Wissenschaftler wurden im Meteoritenmaterial dieselben Zellstrukturen wie in den grönländischen Isua-Gesteinen entdeckt. Da der australische Meteorit achthundert Millionen Jahre älter ist als das Isua-Gestein, andererseits aber erst vor einem Vierteljahrhundert auf der Erde einschlug, muß auch sein organisches Material älter sein als das irdische Leben. Zudem wiesen zwölf der insgesamt siebzehn im Murchinson-Meteoriten entdeckten Aminosäuren *Rechtsdrehungen* auf, die auf der Erde kaum anzutreffen sind. Irdische Aminosäuren sind spiralförmig linksherum gedreht (2, 3). Das organische Material war damit eindeutig als außerirdisch entlarvt.

Es sind nicht nur die im All entdeckten Makromoleküle und die auf der Erde gefundenen Mikroorganismen, die auf Leben im Weltall hinweisen, die Statistik und die Philosophie kommen zum selben Resultat. Allein in unserer Galaxis gibt es schätzungsweise 200 Milliarden Fixsterne. Optimistisch könnte man unterstellen, zu jedem Fixstern gehörten auch Planeten; doch will ich pessimistisch bleiben und nur jedem zehnten Fixstern Planeten zugestehen. Dies ergibt 20 Milliarden Planeten in unserer Milchstraße. Wie viele davon umkreisen ihr Muttergestirn innerhalb der Ökosphäre, der Lebenszone? Nur einer von zehn? Es bleiben zwei Milliarden derartiger Planeten.

Wie viele entwickelten eine Atmosphäre mit Leben? Nur jeder zehnte? Bitte: 200 Millionen.

Wie viele dieser Lebensformen brachten es bis zur Stufe der technischen Intelligenz? Jeder zehnte? Dies ergibt 20 Millionen. Zuviel? Nur jede hundertste? Auch zwei Millionen sind willkommen.

Wie viele dieser technologischen Zivilisationen betrieb interstellare Raumfahrt? Jeder zehnte? Jede hundertste? Dies ergibt 200 000 oder mindestens 20 000 raumfahrende Zivilisationen. Dabei ist die Rechnung nicht einmal allzu optimistisch. Moderne Astronomen neigen dazu, jeder zweiten Sonne auch Planeten zuzuordnen (4).

Die Ausgangslage meiner Zahlenspielerei bildeten die 200 Milliarden Sterne in unserer Galaxis. Was ist mit den anderen Milliarden von Galaxien?

Die im Murchison-Meteoriten gefundenen Aminosäuren und Fossilienreste sind eindeutig älter als jedes irdische Leben. Folgerichtig muß das Leben irgendwo, Jahrmilliarden vor der Erde, entstanden sein. Andere Lebensformen hatten entsprechend mehr Zeit für ihre Evolution. Es gibt keine überzeugenden Gründe, die gegen intelligentes, außerirdisches Leben sprechen.

Ein neues Modell

Könnten ETs die Erde in ihrer langen Entwicklungsgeschichte schon einmal aufgesucht haben?

Das faszinierende Gedankengebäude um die Existenz ehemaliger Besucher aus dem Weltall wird im Volksmund »Prä-Astronautik« genannt. Die Wissenschaft, frischen Ideen stets distanziert gegenüber, wird diesen Fachbereich »Paläo-SETI« bezeichnen. SETI ist ein in der Wissenschaft anerkannter Begriff. SETI steht für = Search for Extraterrestrial Intelligence. Auch die anerkannte Wissenschaft betreibt seit Jahrzehnten ein SETI-Projekt. Radioastronomen versuchen, Signale außerirdischer Lebensformen anzupeilen. Bislang verliefen die Versuche erfolglos. Riesige Antennenschüsseln und ganze Antennenwälder vermochten keinen Piepser unserer außerirdischen Freunde einzufangen. Woran liegt der Mißerfolg? Drehen wir am falschen Radio? Bewegen wir uns im falschen Revier? Haben wir das Problem verkehrt angepackt?

Wir »Prä-Astronautiker« gehen einen anderen Weg als die Radioastronomen. Zwar vermögen auch wir im gegenwärtigen

Stadium unserer Forschung keinen objektiven Beweis für die Außerirdischen vorzulegen, aber wir verfügen über dicke Bündel überprüfbarer Indizien, solide genug, um jeden Skeptiker hellhörig werden zu lassen. Professor Michael Papagiannis, Astronom an der Bostoner Universität (USA), beendete vor dem 33. internationalen Kongreß der astronautischen Föderation einen vielbeachteten Vortrag mit den Worten (5):

»Wir werden für zukünftige Generationen eher dumm aussehen, wenn wir fortfahren würden, auf weit entfernten Sternen nach außerirdischen Zivilisationen zu suchen, während die Antwort hier, direkt in unserem Sonnensystem zu finden war.«

So ist es. Ein einziger Beweis für die Existenz ehemaliger Außerirdischer wird unser Denken, unsere Philosophie, unsere Religionen und damit unsere Politik mehr verändern als zehntausend blitzgescheite Gelehrte der Vergangenheit. Wir *wissen* dann, daß wir nicht der Nabel des Universums, und noch weniger die Krone der Schöpfung sind. Der Aufwand für diese Forschung lohnt sich. Die Erkenntnisse gehen uns alle an.

Kluge Menschen brachten griffige Einwände gegen einen Besuch von Außerirdischen vor. Hier eine Aufzählung der vernünftigsten Kontras:

a) Die Distanzen im Weltall sind unüberbrückbar.

b) Weshalb sollen ETs uns besuchen?

c) Weshalb sollten Außerirdische *ausgerechnet uns* besuchen? Schließlich stehen 200 Milliarden andere Sterne in der eigenen Galaxis zur Auswahl.

d) Weshalb sollte ein derartiger Besuch *ausgerechnet jetzt*, in den letzten paar Jahrtausenden, stattgefunden haben? Die Fremden konnten schließlich nicht ahnen, daß die Erde mit

Leben gesegnet ist, und noch weniger, auf welcher Entwicklungsstufe die irdischen Lebensformen vegetieren.

e) Kosmische Lebensformen sind niemals menschenähnlich. Noch unmöglicher ist die Annahme, daß derartige Lebensformen wie Menschen denken oder empfinden.

Diese auf Anhieb einleuchtenden Gegenargumente stehen auf wackeligem Grund.

Reisen in Raum und Zeit

Prof. Dr. Harry O. Ruppe, langjähriger Mitarbeiter Wernher von Brauns und seit vielen Jahren Ordinarius für Raumfahrttechnologie an der Technischen Universität München, behandelt in seinem zweibändigen Werk: »Die grenzenlose Dimension – Raumfahrt« (6) verschiedene Varianten zur Überbrückung der interstellaren Räume.

Unbemannte Flüge. Maschinen (Roboter) führen die Expeditionen durch und melden ihre Ergebnisse per Funk zurück zur Basisstation. (Dies tun bereits die amerikanischen Raumsonden Pioneer X und XI sowie Voyager I und II.)

Generationenreisen. Es wird eine ganze Siedlung von Menschen losgeschickt. Mit eigener Energiequelle (Reaktor, Minisonne), mit geschlossenem, autarkem Lebenskreislauf. Die am Ziel ankommende Gruppe ist nicht mehr diejenige, welche die Reise angetreten hat (7).

Lebensverlangsamung. Die Lebensprozesse der Astronauten werden so verlangsamt (Winterschlaf), daß sie während des Fluges nur wenig altern.

13

Lebenskonservierung. Brutmaschinen, Samen- und Eizellen oder andere geeignete biologische Formen gehen auf die Reise. Menschliches Leben wird erst in relativ nahem Zeitraum vor dem Ziel erzeugt.

Lebensverlängerung. Das Leben der Astronauten wird derart verlängert, daß auch lange Reisen nur einen kleinen Bruchteil der Lebenserwartung beanspruchen. In dieser Hypothese spielen »Kyborgs« (= kybernetische Organismen), eine Mensch-Maschine-Kombination, eine wichtige Rolle.

Projekt Dädalus. Es handelt sich dabei um ein in den frühen siebziger Jahren von der »British Interplanetary Society« veröffentlichtes Projekt, bei dem als Raumschiffsantrieb kleine, thermonukleare Explosionen durch Laser oder relativistische Elektronenstrahlen hinter dem Raumfahrzeug gezündet werden. Der dadurch erreichte Schub würde ausreichen, ein Raumfahrzeug mit einem Startgewicht von 52 950 Tonnen Masse und einer Nutzlast von 450 Tonnen in rund 50 Jahren zu Barnards Stern – 5,91 Lichtjahre entfernt – zu bringen.

Zukünftige Energiequellen. Man denkt an Kernfusionen von Wasserstoff zu Helium, die allerdings nur einen geringen Prozentsatz der Masse in Energie umzuwandeln vermögen. Interessanter sind Materiezerstrahlungen, bei denen Materie mit Antimaterie zusammengebracht wird.

Nicht berücksichtigt sind hier die heiligen Bezirke der Überlichtgeschwindigkeit oder des Hyperspace. Wie jeder Physiker weiß, leitet sich aus Einsteins Relativitätstheorie lediglich ab, daß unterlichtschnelle, materielle Teilchen höchstens Fast-Lichtgeschwindigkeit erreichen, und daß überlichtschnelle Teilchen nur fast »lichtlangsam« werden können. Die Existenz solcher überlichtschneller Teilchen, Tachyonen genannt, ist mathematisch nachgewiesen (8).

Selbst bei einer technologischen Akzeptanz derartiger Reisen bleibt das Motiv unergründlich. Wozu interstellare Raumfahrt?

Gegenfrage: Was würde eine Menschheit tun, die alles Irdische erforscht hätte? Welche Aufgabe würde den nimmermüden menschlichen Entdeckergeist herausfordern? Da ist das millionenfache Leuchtfeuer über uns, die Sterne in ihren unterschiedlichen Helligkeitsgraden und Größen. Was sind diese Lichter? Was geht dort oben vor? Existieren da draußen andere Lebensformen? Sind sie vielleicht gar intelligent? Dies wären mit Sicherheit einige Fragen, die der Intellekt nicht unbeantwortet lassen kann.

Bestandteil jeder Intelligenz ist auch die Wissensvermehrung. Sie führt so sicher ins Weltall wie das Amen in der Kirche. Ein paar irdische Jahrtausende mehr oder weniger spielen im kosmischen Szenario keine Rolle.

Prof. Dr. Papagiannis (Boston) zählt zu den renommierten Akademikern, die für Probleme Lösungen suchen und sich nicht hinter einer Wand, auf der *unmöglich* steht, verstecken. In den letzten hundert Jahren – so Papagiannis – hat der Mensch seine Reisedistanz um den Faktor 10^{16} und seine Reisegeschwindigkeit um den Faktor 4000 vergrößert (5).

»Es scheint daher absolut vernünftig, anzunehmen, daß wir im nächsten oder übernächsten Jahrhundert in der Lage sein werden, ein Zehntel mehr zu erreichen. Dies würde uns erlauben, die Geschwindigkeit um den Faktor 400 zu steigern, das sind etwa ein bis drei Prozent der Lichtgeschwindigkeit, und die Reisedistanz um den Faktor 10^{15} zu erhöhen. Das bedeutet Distanzen von zehn Lichtjahren, die uns zu den nächsten Sternen bringen.« Und: »Bei Geschwindigkeiten von zwei Prozent der Lichtgeschwindigkeit, die mit Hilfe der Kernfusion durchaus erreichbar sind, wird ein Raumschiff die Entfernung von zehn Lichtjahren zu den Nachbarsternen in ungefähr 500 Jahren zurücklegen (9).«

Prof. Dr. Papagiannis beherzigt Albert Einsteins Maxime: »Die meisten Grundideen der Wissenschaft sind an sich einfach und lassen sich in der Regel in einer für jedermann verständlichen Sprache wiedergeben.« So macht der Astronom aus Boston folgende Rechnung auf:

In weniger als 400 Jahren konnte Amerika vom Ochsenkarren auf den Mond »umsteigen«. Man kann deshalb unterstellen, daß eine Raumfahrerkolonie auf einem anderen Planeten Gleiches binnen 500 Jahren zuwege bringt, zumal Raumfahrern alles technische Basiswissen zur Verfügung steht: Einmal auf dem fremden Planeten X gelandet, haben sie Spezialisten für Rohstoffe, Metallurgie, Atomspaltung, Treibstoffe und Triebwerke usw. in ihrer Crew, dazu fertige Pläne für den Bau von Generationen-Raumschiffen. Für eine Raumkolonie benötigen sie überdies keinen erdähnlichen Planeten. Monde, Asteroide, tote Planeten sind hervorragende Rohstofflieferanten.

Wenn Raumkolonisten 500 Jahre unterwegs waren und im nächsten Sonnensystem weitere 500 Jahre zur Industrialisierung eines Planeten verbrachten, ehe ein kleiner Teil von ihnen weiterzieht, ob mit dem alten oder einem fortentwickelten Raumschiff, »bedeutet dies, daß eine Kolonisationswelle mit einer Geschwindigkeit von ungefähr zehn Lichtjahren pro 1000 Jahre (500 für die Reise und 500 für das Wachstum) voranschreitet, das heißt, mit der Geschwindigkeit von einem Lichtjahr pro Jahrhundert« – so Prof. Papagiannis.

Auf diese Weise wäre unsere gesamte Milchstraße in zehn Millionen Jahren kolonisiert.

Nach diesem simplen Modell könnten Außerirdische schon seit Olims Zeiten vorgegangen sein. Sie hätten eine Art von

»Intelligenz-Kolonisation« betrieben. Im ureigensten Interesse übrigens, denn nur durch Vermehrung der Intelligenz in Raum und Zeit wird Kommunikation, und damit eine Vermehrung des Wissens, möglich.

Man mag sich andere Gründe ausdenken, weshalb eine intelligente Lebensform Raumfahrt betreibt. Beispiele:
- Erforschung des Weltalls,
- Beherrschung des Weltalls durch eine intelligente Spezies,
- Flucht vor kosmischen Katastrophen (Explodieren der eigenen Sonne, Gravitationskollaps – Schwarzes Loch, Zerstörung des Heimatplaneten),
- Streit auf dem Heimatplaneten, der die unterlegene Gruppe zur Auswanderung ins Weltall zwingt,
- Religion und Philosophie (die Suche nach Gott, dem Ursprung, der Schöpfung),
- die Suche nach seltenen Rohstoffen (materielle Werte, Edelmetalle),
- Vergnügen und Langeweile.

Das »Ich«- und das »Jetzt«-Syndrom

Die Menschheit leidet an einem »Ausgerechnet-Ich-Syndrom«. Weshalb, so wird argumentiert, soll eine extraterrestrische Lebensform unter dem Milliardenangebot von Sternen ausgerechnet unser kleines, unbedeutendes System am Rande der Milchstraße ausgesucht haben? Dieser Einwand geht stets vom eigenen Bauchnabel aus. Woher wollen wir eigentlich wissen, ob nur die Erde besucht worden ist? Da zur Zeit kein Funkkontakt mit ETs besteht, betrachten wir uns als Unikum im Weltall.

Ein Mensch erkrankt, geht zum Arzt, und der stellt die falsche

17

Diagnose. Die Schmerzen verschlimmern sich, der Mensch begibt sich zum Spezialisten. Dieser lokalisiert ein seltenes Krankheitsbild. Der Patient quält sich mit dem Gedanken: »Weshalb muß diese Krankheit ausgerechnet mir widerfahren?« Er will nicht zur Kenntnis nehmen, daß Tausende anderer Leidensgenossen in verschiedenen Erdteilen dieselben Qualen durchleiden. Sein »Ausgerechnet-Ich-Syndrom« redet ihm die Einzigartigkeit seines Falles ein. So sind wir.

Der nächste Fixstern – Proxima Centauri – liegt rund vier Lichtjahre von uns entfernt. Eine große Distanz. Zwischen Proxima Centauri und Sirius hingegen, in einer Distanz von weiterer viereinhalb Lichtjahren, liegen gleich fünf Sterne, alle neun Lichtmonate ein Stern. Dann folgt, sozusagen Schlag auf Schlag, Stern auf Stern, bei hundert Lichtjahren sind es bereits 30 000 Fixsterne. Was wissen wir von ihnen? Nichts. Vielleicht sind sie in einem galaktischen Klub miteinander verbunden. Doch unser »Ausgerechnet-Ich-Syndrom«, geschmeichelt durch die Pseudo-Einzigartigkeit unserer Position, verdrängt derartige Gedanken.

Neben dem »Ausgerechnet-Ich-Syndrom« gibt es noch ein »Ausgerechnet-Jetzt-Syndrom«. Es dauerte Milliarden Jahre, bis aus dem Einzeller hochkomplizierte Lebensformen wurden wie Vierbeiner oder gar Hominiden. Woher sollen die ominösen außerirdischen Besucher gewußt haben, daß der Vormensch »ausgerechnet jetzt« den Punkt in seiner Evolution erreicht hatte, der ihn für einen außerirdischen Besuch empfänglich machte?

Salopp gesagt: Sie wußten es nicht, brauchten es nicht zu wissen. Angenommen, unser blauer Planet wäre vor fünf Millionen Jahren von fremden Lebewesen besucht worden, dann hätte die gezielte, künstliche Mutation vom primitiven Hominiden zum Homo sapiens damals stattgefunden, und wir würden uns vor fünf Millionen Jahren gefragt haben: Warum kamen sie ausgerechnet jetzt? Und wieder angenommen, die Erde wäre erst in 50 000 Jahren in der Zukunft heimgesucht worden, dann hätte die Mutation zum intelligenten Wesen eben erst in 50 000 zukünftigen Jahren stattgefunden, und wir dürften uns in 50 000 Jahren fragen: Warum kamen sie ausgerechnet jetzt? Der Punkt »jetzt« ist fiktiv, denn die Uhren der Intelligenz laufen erst seit dem Besuch der ETs. »Jetzt« ist ein Gummiband und stets identisch mit der Intelligentwerdung unserer Urahnen.

Sind ETs menschenähnlich?

Unter allen Gründen gegen einen vorgeschichtlichen Besuch von Außerirdischen gibt es einen, der eigentlich jedem einleuchtet: Weshalb sollen diese Außerirdischen auch noch menschenähnlich gewesen sein, ähnlich gedacht und vielleicht ähnlich gehandelt haben wie wir? Die Evolution spielt doch draußen, in den Weiten des Universums, nicht dasselbe Spiel wie hier.

Bei diesem Einwand sind grundsätzlich zwei Komplexe auseinanderzuhalten: Die Lebensentstehung und die (viel spätere) künstliche Mutation vom primitiven Hominiden zum intelligenten Menschen.

Bereits mit der heute vorhandenen Technologie könnten wir – wenn es einen Financier gäbe – zehntausend Sonden sternförmig in verschiedene Richtungen unserer Galaxis schicken. Jede Sonde würde einige hundert Milliarden Mikroorganismen enthalten. Weit weg von unserem Sonnensystem bringen wir alle Sonden durch Funkimpuls oder eine Zeitschaltung zur Explosion. Unsere milliardenfache genetische Information in den

Mikroorganismen breitet sich nun nach allen Seiten im Weltall aus. Viele dieser Lebenskeime erreichen kein Ziel, ziehen von Ewigkeit zu Ewigkeit durchs All, verglühen in einer Sonne, werden von einem Planeten mit völlig ungeeigneten Bedingungen eingefangen. Ein winziger Bruchteil unserer Mikroorganismen erreicht hingegen ideale Planeten, Welten, die ähnliche Voraussetzungen beherbergen wie unsere Erde. Dort gehen die Lebenskeime auf, vermehren sich und entwickeln sich nach dem evolutionären Prinzip in einer langen Stafette zu Lebensformen nach der alten Gesetzmäßigkeit.

Es ist, als ob einige Millionen Samen eines europäischen Baumes von einem Flugzeug aus rings um die Erde verstreut würden. Die Samen, welche im Meerwasser versinken oder von Fischen gefressen werden, können nie mehr aufgehen. Diejenigen, welche auf felsigem Grund oder in der Antarktis landen, haben kaum eine Chance der Entwicklung. Dasselbe gilt für die Samen im ausgetrockneten Wüstensand. Fallen nur wenige Samen auf geeigneten Boden, auch wenn dieser im fernen Australien liegt, wird schließlich derselbe Baum mit denselben Verästelungen, denselben Blättern und denselben Früchten daraus werden. Er entwickelt sich nach dem kodierten Mikroprogramm.

Wie Prof. Roland Puccetti (10) und andere (11, 12) nachgewiesen haben, kennt die Evolution eine ganze Kette von zwingenden Formen. Puccetti geht davon aus, daß gleiche äußere Bedingungen zur Ausbildung einer ähnlichen Gestalt und Organe bei genetisch verschiedenen Lebewesen führen müssen. Die Entwicklung neuer Körperformen der ehemals amphibischen Lebewesen ist nicht zufällig: Zur Flucht auf festem Grund braucht man nun mal andere Gliedmaßen als sie Fische haben. Die Natur entwickelte die einzig sinnvolle Art der Fortbewegung durch Gehen, denn dies ist auf jedem Untergrund möglich.

Wie groß mußte die Anzahl der Beine für die neue Lebensweise sein? fragt Puccetti. Ein Bein wäre zu wenig, weil sich das Wesen nicht wieder aufrichten kann, wenn es hinfällt. Ungleiche Beinzahlen wären unpraktisch aus Gleichgewichtsgründen, aber auch viele Beinpaare sind nicht günstig, weil sie nur langsames Kriechen gestatten. Tatsächlich sind fossile Funde harte Beweise dafür, daß die Evolution im Laufe der Jahrmillionen die Zahl der Beine kontinuierlich verkümmern ließ, bis sie schließlich zwei Paare als außerordentlich zweckmäßig erwiesen. Puccetti: »Zwei Beine scheinen für die Ausbildung eines großen Gehirns die beste Voraussetzung zu sein, weil auf diese Weise bei zwei Paaren die für den Übergang zum Leben auf den Bäumen notwendige Umwandlung eines Paares in Arme ermöglicht und der Umgang mit Werkzeugen in der Entwicklungsphase erleichtert wird.«

Es ist recht einleuchtend, daß der Übergang vom amphibischen zum terrestrischen Lebewesen eine »Änderung des Fahrgestells« erzwungen hat. Wenn bei uns, dann auch anderswo. Es erwies sich aber auch eine Neukonstruktion des »Chassis« als notwendig: Mit dem Beginn der aktiven Lebensweise vom Raubtier in eine zweiseitig symmetrische Gestalt gehörte nun das Maul an den vorderen, der After an den hinteren Teil des Körpers. Diese beiden Lokalisierungen erwiesen sich bei allen Tieren für die Nahrungsaufnahme und Ausscheidung als am besten geeignet. Die wichtigsten Sinnesorgane und Greifwerkzeuge liegen an der Vorderfront in der Gegend des Mauls. Man muß ja schmecken und sehen, was man packt. Kein Wunder, daß sich auch das Gehirn, das größte Nervenbündel, stets in allernächster Nähe der Augen befindet. Was gesehen wird, kann auf kürzestem Weg dem Gehirn mitgeteilt werden.

Mit dem Wachstum auf dem Festland vollzog sich eine Verfeinerung des Nervengewebes, das ganz allmählich die Fähigkeit zur Begriffsbildung ermöglichte. Es ist bekannt, daß Delphine ein beachtliches Gehirn haben, obwohl sie im Wasser leben; die Fähigkeit zur Begriffsbildung aber scheint sich erst mit der Verwendung von Werkzeugen einzustellen. Noch so intelligente Fische können nun mal kein Feuer machen und damit kein Metall verarbeiten. Sie müssen auf trockenen Grund, ob sie wollen oder nicht.

Diese und hundert andere Zwangsläufigkeiten der Evolution, wie etwa Anzahl und Lage der Augen, Ohren, Geschmackssinn, Blutkreislauf und damit Versorgung des Gehirns durch Sauerstoff bringen Prof. Puccetti zur Überzeugung: »Meine Schlußfolgerung ist ganz einfach die, daß intelligente, außerirdische Wesen im ganzen Kosmos dem Homo sapiens in großem Maße ähnlich sein müssen.«

Bei dieser Betrachtungsweise spielt es keine Rolle, ob das Leben nun zufällig aus chemischen Substanzen auf der Erde selbst entstand, oder ob es – wie in meinem Modell – aus dem Weltall einflog. In beiden Fällen entwickeln sich auf erdähnlichen Planeten menschenähnliche Wesen.

Nobelpreisträger Francis Crick, Entdecker der DNS-Doppelhelix, vertrat in einem Artikel mit dem Titel »Samen von den Sternen« die Meinung, Weltraumschiffe seien zu langsam, um eine Galaxis mit Leben zu kolonisieren. Crick: »Wäre es da nicht besser, Organismen zu schicken, die diese sehr lange Reise überleben würden, die leicht zu transportieren wären und in einem Urzeitozean gedeihen würden? Dafür wären Bakterien am besten geeignet. Weil sie so winzig sind, könnte man sehr viele schicken. Sie bleiben bei sehr tiefen Temperaturen fast unbegrenzt lebensfähig, und es gäbe eine große Chance, daß sie sich in der ›Suppe‹ eines primitiven Ozeans leicht vermehren würden. Vielleicht ist es kein Zufall, daß die frühesten fossilen Organismen, die wir bisher entdeckt haben, genau diesem Typ von Leben entsprechen.«

Sir Fred Hoyle, brillianter Science-fiction-Autor und weltberühmter Astrophysiker aus England, geht noch weiter. Er meint, weder das Leben selbst noch die Intelligenz seien auf der Erde entstanden (13, 14), sondern er sieht im Menschen das Wiederauftauchen einer früheren intelligenten Lebensform. Diese fremde Intelligenz habe sich in eine Art »Baukasten« zerlegt, dessen grundlegende Bausteine im gesamten Raum verteilt worden seien. Dieser »Baukasten« habe die biologischen Grundstoffe enthalten, aus denen das Leben, wie wir es kennen, zusamengesetzt sei. Als der molekulare oder biologische »Baukasten« auf der Erde eintraf, ging er in einer ganz bestimmten, vorhergezeichneten Weise auf. Hoyle ist gar der Ansicht, diese Art von Evolution aus dem Weltall sei nicht abgeschlossen, ständig würden wieder neue Teile des »Baukastens« hier eintreffen und sprunghafte Veränderungen der Evolution auslösen. *Diese moderne Betrachtungsweise schließt keineswegs aus, daß es im Universum von fremden Lebensformen wimmeln kann, die wir uns selbst in der kühnsten Phantasie nicht vorstellen können. Nur: Die Lebenskeime derartig fremder Lebewesen wären auf unserer Erde sowenig aufgegangen wie irdische Lebenskeime in einer Jupiter-Atmosphäre.*

Und warum, raunzt der Kritiker, sollen außerirdische, intelligente Lebensformen auch noch ähnlich denken und handeln wie wir Menschen?

Irgendwann in den vergangenen Jahrtausenden landete zum erstenmal eine außerirdische Mannschaft auf der Erde. Aus dem *bereits vorhandenen* Vormenschen nahmen sie eine Samenzelle, veränderten diese genetisch (was heute laufend praktiziert wird)

23

und ließen die mutierte Zelle in einer Nährlösung wachsen bis zum Ei. Das Ei wurde dem weiblichen Exemplar derselben Gattung künstlich eingepflanzt (Retortenbaby), das Weibchen gebar ein Kind. Logischerweise hat dieses Kind sämtliche Merkmale des ursprünglichen hominiden Stammes, dasselbe Skelett, denselben Körperbau, denselben Kiefer, denselben Schädel. Es ist trotz der künstlichen Mutation ein *irdisches* Produkt. Nur erwarb es durch den außerirdischen Eingriff einige zusätzliche Fähigkeiten, die den Eltern abgingen. Beispielsweise das Sprachzentrum, das ihm ermöglicht, Erinnerungen jederzeit in Information umzusetzen. Oder die Anlagen zur Fragestellung und damit zur Kultur. (Musik, Malerei, Religion, Schamgefühl, wissenschaftliche Neugier usw.) Da diese gezielte, künstliche Mutation »nach ihrem Ebenbilde«, dem Muster der außerirdischen Besucher, vorgenommen wurde, entwickeln wir uns ähnlich wie die Fremden.

Die Frage: *Weshalb denken Außerirdische ähnlich wie wir?* ist falsch gestellt. Die Außerirdischen denken nicht ähnlich wie wir, aber wir ähnlich wie sie. Was nicht dasselbe ist, wir sind schließlich das Produkt.

Das hier entwickelte Modell widerspricht weder der Evolution noch den religiösen Überlieferungen, die allesamt behaupten, »Gott« oder die »Götter« hätten den Menschen »nach ihrem Ebenbilde« entstehen lassen. Die künstliche Mutation ist das anthropologische »Missing link«, das fehlende Bindeglied. Das Rätsel der Abstammung und Intelligenzwerdung ist lösbar, ohne den milliardenfachen Zufall strapazieren zu müssen.

Was bleibt übrig von den vernünftigen Argumenten gegen einen vorgeschichtlichen Besuch von ETs?

Es gibt keine prinzipiellen Einwände gegen einen derartigen Besuch.

Literaturverzeichnis

1 Pflug, Hans-Dietrich, Gedanken zum Ursprung des Lebens. In: Umschau 1/85

2 Heuseler, Holger, Der zweiten Erde auf der Spur. Zürich, 1976

3 Engel, M. H. und Nagy, B., Distribution und Enantiomeric Composition of Amino Acids in the Murchison Meteorite. In: Nature, Vol. 296, 29. April 1982

4 Campbell, B., G. A. H., Yang u. A., A Search for Planetary Mass Companions to Nearby Stars. In: Bioastronomy, Boston, 1988

5 Papagiannis, M. D., The Importance of Exploring the Asteroid Belt. In: Acta Astr., Vol. 10, No. 10, 1983

6 Ruppe, Harry, O., Raumfahrt – die grenzenlose Dimension. 2 Bde., Düsseldorf, 1980 und 1982

7 von Däniken, E., Habe ich mich geirrt? München, 1985

8 Kirch, Dietmar, Tachyonen – Teilchen schneller als das Licht. In: Umschau in Wissenschaft und Technik, Nr. 23/1977

9 Papagiannis, M. D., Bioastronomie – Herausforderungen und Gelegenheiten bei der astronomischen Suche nach außerirdischem Leben. In: *Die Sterne, 60. Band, Heft 4*, 1984

10 Puccetti, R., Außerirdische Intelligenz. Düsseldorf 1970

11 Papagiannis, M. D., Life-Related Aspects of Stellar Evolution. Dep. of Astronomy, Boston Univ. 1984

12 do., Natural Selection of Stellar Civilizations by the Limits of Growth. Blackwell Scientific Publications, Oxford 1984

13 Hoyle, Fred und Wickramasinghe, Evolution from Space. London 1981

14 do., Diseases from Space. London 1979

2. KAPITEL

SPUREN DER GÖTTER

Amerikaner und Russen hinterließen Spuren auf dem Mond. Wo sind die Spuren der Außerirdischen?

Die Erde ist voll davon. Wir trampeln tagtäglich achtlos darüber, Touristen trotten daran vorbei, starren geistesabwesend in Museumsvitrinen und erkennen die Botschaft nicht, die uns in die Augen springt. Ist eine besondere Brille vonnöten? Braucht man Spezialfilter, Strahlendetektoren, ein Infrarotgerät oder gar parapsychologische Fähigkeiten, um die Hinterlassenschaften der ETs zu entlarven?

Notwendig ist nur die »Waffe« des Verstandes und eine neue Einstellung zu alten Dingen. Ein ketzerisches Modell mag die Schuppen von den Augen fallen lassen wie trockene Blätter im Herbst.

Jedermann weiß, daß Jesus von Nazareth vor zweitausend Jahren in Palästina predigte, und schließlich von den Menschen hingerichtet wurde. Woher wissen wir das eigentlich? Wo sind die Spuren dieses wunderbaren Religionsgründers?

Dumme Frage. – Dumme Frage? Da sind doch die schriftlichen Zeugnisse, die Evangelien, die Apostelbriefe. Da ist der Kalvarienberg und der Dom in Jerusalem mit dem Felsengrab. Da sind Hunderttausende von Kapellen, Kirchen, Kathedralen. Da sind Altäre mit grandiosen Ölbildern, Malereien und Skulpturen, z. B. eines Michelangelo, Muttergottesstatuen und Kreuzigungsszenen. Da sind erhabene, gregorianische Gesänge und gewaltige, orchestrale Messen eines Johannes Sebastian Bach. Ist das alles nichts? Reicht diese Vielfalt von Spuren nicht, um die Existenz von Jesus von Nazareth unverrückbar zu beweisen?

Die Architekten der heutigen Kathedrale von Chartres in Frankreich waren sowenig Augenzeugen des Lebens Jesu wie die Abertausende von Stukkateuren barocker Kirchen. Kein Krippenschnitzer von Oberammergau beobachtete die Geburt Jesu mit wachem Verstand, kein Michelangelo und kein Johannes Sebastian Bach waren beim Abendmahl anwesend, und nicht ein einziger Künstler der vergangenen 2000 Jahre hat sich die Bergpredigt »live« angehört. Sie alle – ausnahmslos – sind Werkzeuge der Überlieferung.

Jesus selbst ließ nicht einen einzigen Gegenstand zurück, der in irgendeinem Museum der Welt bestaunt werden könnte, er bekritzelte keinen Fetzen Pergament, drückte seine göttlichen Füße in keine Lehmschicht und hinterließ nirgendwo sein Autogramm mit dem aktuellen Datum römischer Zeitrechnung.

Genauso verhält es sich mit den Außerirdischen. Sie hinterließen in den Mythen, Legenden und heiligen Büchern unserer Vorfahren indirekte Spuren, die sich wie unübersehbare Furchen in die Landschaft der Vergangenheit eingruben. Wer sich mit dem alten Schriftmaterial auseinandersetzt, muß über diese Furchen stolpern. Da gibt es gespenstische Überreste von Basislagern, die ihre technische Perfektion nur noch erahnen lassen. Und wo die Götter auftauchten, wo sie wirkten, entstanden heilige Orte, Knotenpunkte, an denen die Augenzeugen und die nachfolgenden Generationen den himmlischen Lehrmeistern Altäre und Tempel errichteten. Es wird gesagt, ein drängendes Verlangen nach den »Göttern« – der Wunsch, den »Göttern« zu gefallen – die ihnen von den »Göttern« auferlegten Pflichten zu erfüllen ... das alles wären die treibenden Kräfte für die vielen wunderbaren Bauten gewesen.

Verlangen nach »Göttern«?

Nach *welchen* »Göttern«?

Von »Göttern« auferlegte Pflichten erfüllen? *Welche* »Götter« erlegten denn Pflichten auf?

Den »Göttern« zu Ehren, zu ihrem Gedenken, sind unvergleichliche Tempel entstanden?

Was *für* »Göttern« sollte denn gedacht werden?

Die lebendigen Überlieferungen

»Götter« müssen Erstaunliches leisten; sie müssen mehr können als sterbliche Wesen. Erfundene »Götter«, reine Phantasiegestalten würden sich nicht lange im Bewußtsein der Menschheit gehalten haben. Man hätte sie bald wieder vergessen. Deshalb vertrete ich die Ansicht: »Götter«, von denen ich spreche, müssen reale Erscheinungen gewesen sein, die unseren Vorfahren einen tiefen Eindruck machten und über viele Jahrtausende hinweg die Gedanken- und Glaubenswelt der Menschen erfüllten.

In meinen Büchern (1–13) stellte ich unzählige Tempel, Stelen, Skulpturen und Pyramiden vor, die zu Ehren der herniedergestiegenen Götter erbaut wurden. Auch wenn die Künstler, die an den prachtvollen Bauwerken mitwirkten, sowenig Augenzeugen waren wie Michelangelo beim Abendmahl, so schufen sie doch Stukkaturen, Statuen und Bilder aus der Überlieferung – genau wie die Künstler in nachchristlicher Zeit. Da gibt es ganze Städte, die zu Ehren der herniedersteigenden Götter gebaut wurden, etwa Tulum, Chichén Itzá und Teotihuacán in

Mexiko, Tikal in Guatemala, Buritaca in Kolumbien, Chavín de Huantar in den peruanischen Anden, Prambanan in Java oder Kanchipuram in Südindien. An all diesen Orten haben Priester und begnadete Handwerker die Lehrmeister, die von den Wolken stiegen, künstlerisch dargestellt. Man ist doch kein Phantast, wenn man Fotografierbares vorzeigt. In Prambanan (Java) oder Kanchipuram (Indien) wurden die Fahrzeuge der Götter – die Vimanas – in Stein geschlagen, in Tulum (Mexiko) hat man die herniedersteigenden Götter in Stuck reliefiert, in Chavín de Huantar (Peru) tauchten die rätselhaften, geflügelten Wesen auf Stelen und feinen Ziselierungen auf, und in Chichén Itzá (Mexiko) ist die Hauptpyramide derart raffiniert in die Landschaft gepflanzt worden, daß der herniedersteigende Gott heute noch – Jahr für Jahr! – von Tausenden von Schaulustigen in einem herrlichen Spektakel beobachtet werden kann.

So spielt sich die verblüffende Inszenierung ab:

Die vier Treppen der Pyramide weichen leicht von den Himmelsrichtungen ab, liegen knapp neben den Kardinalpunkten O-W-N-S. Etwa eineinhalb Stunden vor dem Sonnenuntergang am 21. März strahlt die Sonne auf die dem Westen zugeneigte Pyramidenfläche. Strahlen und Schattenfinger greifen schlangenhaft zur nördlichen Pyramidenfront hinüber. Je tiefer die Sonne sinkt, um so faszinierender wird das einzigartige Schauspiel.

Mit der sinkenden Sonne entstehen durch die Stufen der neun Plattformen am Treppenrand zuerst gleichschenkelige Dreiecke – aus Schatten. Dann gehen die Dreiecke in ein Wellenband über, das – langsam wie die Sonne sinkt – am Treppenrand herabkriecht, um sich an der letzten, untersten Stufe mit einem mächtigen, steinernen Schlangenkopf des Gottes Kukulcán zu vereinen.

Am 21. September, bei Sonnenaufgang, ist das Spektakel an der gegenüberliegenden Pyramidenfront in umgekehrter Abfolge zu bestaunen: Zuerst scheint der Kopf der gefiederten Schlange aus Licht und Schatten lebendig zu werden, dann kriechen dunkle, vom Sonnenlicht hart begrenzte Schattenlinien über den Schlangenkörper hinauf bis zur oberen Plattform. Nach kurzem Verweilen im Kukulcán-Tempel löst sich der Schattenzauber auf: Im gleißenden Sonnenlicht entschwindet die gefiederte Schlange im Weltall. Das Ganze ist eine Demonstration höchster Mathematik im Dienste der Götter: Kukulcán stieg aus dem Kosmos herab, verweilte einige Zeit unter den Menschen und zog sich wieder in seine Sternenheimat zurück.

Die Kukulcán-Pyramide, ein exzellenter Geniestreich, belegt, wie Astronomen, Mathematiker, Architekten und Priester ihre Überlieferungen in einem Bauwerk verewigt haben. Die Botschaft der Außerirdischen ist allgegenwärtig, nur die Schuppen, die immer noch vor den Augen vorgestriger Wissenschaftler kleben, verhindern die klare Sicht.

Tresore der Götter

Was ist mit den Überresten der geheimnisvollen Bundeslade der Israeliten? Diese Reste sollen sich, folgt man den mythologischen Überlieferungen, tief im Boden unter der Marienkathedrale der äthiopischen Stadt Axum befinden. Was ist mit der Kaaba, dem heiligen Stein der Muslime, der vom Erzengel Gabriel zur Erde gebracht worden sein soll? Was ist mit dem unerklärlichen »Metallspiegel«, den die Sonnenkönigin Amaterasu anno 1660 v. Chr. dem Gründer des japanischen Kaiserreiches, Jimu Tenno, schenkte? Der Spiegel befindet sich heute noch, in viele Schichten von Tüchern verpackt, im inneren Schrein des Tempels der Stadt Ise auf der Hauptinsel Honshu.

Was melden die rätselhaften Megalithkulturen von England, Schottland, Malta? Welche Botschaft steckt hinter den Tausenden und Abertausenden von Menhiren, die in der französischen Bretagne in geordneten Reihen postiert sind? Welche prähistorische Macht erbaute die gigantischen, megalithischen und unterirdischen Labyrinthe, die sogenannten Chinkanas, unter der peruanischen Stadt Cuzco? Obschon mindestens ein Eingang zu diesen ungeheuerlichen Gewölben direkt unter der Kirche Santo Domingo bekannt ist, wird nichts zu ihrer Erforschung getan. Was für rätselhafte, mächtige Bauten standen einst oberhalb der Inka-Festung Sacsayhuaman bei Cuzco? Heute liegen an den Berghügeln nur noch polierte und geschliffene, dann wieder ausgehöhlte Felsen mit seltsamen Strukturen. Warum legten Menschen verschiedener Kulturen, die untereinander nicht in Kontakt standen, gigantische Bodenzeichnungen an, die in ihrer Gesamtheit nur aus der Luft erkennbar sind? Die weltberühmte Ebene von Nazca mit ihren Scharrzeichnungen und pistenähnlichen Linien ist nicht der einzige Ort auf diesem Globus, an dem Menschen »Zeichen für die Götter« schufen.

In der Nähe der südperuanischen Stadt Mollendo – vierhundert Kilometer Luftlinie von Nazca – bis hin in die Wüsten und Gebirge der chilenischen Provinz Antofagasta findet man große Markierungen an Schrägwänden, deren Sinn und Zweck bislang nicht geklärt werden konnten, darunter roboterähnliche Figuren von 121 Metern Höhe. Südöstlich von Los Angeles, unweit des Städtchens Blythe am Colorado, liegen große, in den Boden gescharrte Figuren von Menschen und Tieren. Vom Colorado bis hinunter nach Mexiko, doch auch von den Rocky Moutains bis zu den Appalachen liegen rund 5000 sogenannte »Bilderhügel«, »Indian Mounds« genannt. Sie haben Formen von Bisons, Vögeln, Schlangen, Bären und Eidechsen. Die künstlich zusammengeschütteten Hügel dienten oft – nicht immer! – als Gräber, waren aber wie die Scharrzeichnungen der Ebene von Nazca in ihrer Gesamtheit nur aus der Luft als Bilder erkennbar. Auch menschliche Gestalten wurden in Hügelform angelegt, oft als Geröllhügel wie beispielsweise jene des White-Shell-Province-Parks, zweihundert Kilometer nordöstlich von Winnipeg (Manitoba, Kanada). Selbst die ausgedehnten Lavafelder der Sonorawüste, Mexiko, sind mit riesigen, gegen den Himmel gerichteten Zeichen versehen.

Das Phänomen dieser Zeichnungen bleibt aber nicht auf den amerikanischen Kontinent beschränkt. Es scheint, als ob einst eine internationale Gilde von Scharrzeichnern die Völkergemeinschaft beeinflußte.

In der englischen Grafschaft Berkshire liegt bei Uffington das berühmte, weiße Pferd. Es hat eine Länge von 110 Metern und ist aus dem hügeligen Kreideland durch Abheben von Rasenziegeln entstanden. Das Pferd wird auf etwa 2000 Jahre geschätzt. Ebenfalls in England liegt der siebzig Meter hohe »lange Mann von Wilmington« (Sussex) sowie der fünfundfünfzig Meter messende »Riese von Cerne Abbas« (Dorset). Damit nicht genug: Selbst im ausgetrockneten Saudiarabien, zweihundert Meilen südlich von Tabuk, ist eine gigantische, achthundert Meter hohe Figur in den Wüstenboden geritzt und mit Steinen ausgelegt worden. Sie zeigt ein pyramidenförmiges Dreieck, das in der Spitze in einen Kamin ausläuft, der in fünf gleichmäßige Sektoren unterteilt ist. Dieser »Kamin« ist von einem schwarzen Steinring umgeben, dessen Durchmesser größer ist als der Pyramidensockel. Das Zentrum des Ringes ist mit einem schwarzen Punkt markiert. Niemand weiß, wer diese Zeichnung in vorgeschichtlicher Zeit anlegte und weshalb dies geschah. Nur etwas ist unbestritten: die Zeichnung ist nur aus der Luft erkennbar. Bei der Auswertung von Satellitenaufnahmen des Gebietes um den Aralsee machten sowjetische Archäologen eine erstaunliche Entdeckung: Vom Kap Duan bis ins Innere der ausgedörrten Halbinsel Ustjurt fanden sie im Boden merkwürdige Formationen. In fast ununterbrochener Kette reihen sich über mehrere hundert Kilometer riesige Dreiecke, Ovale und andere geometrische Figuren aneinander. Die Zeitschrift »Sowjetkultur« (14) schrieb:

»Die gigantischen Ausmaße der Anlage machen sie vollkommen unfaßbar für menschliche Verhältnisse. Ihr Relief ist so glatt, daß man einige hundert Male auf diesen Gebilden entlangfahren könnte, ohne zu wissen, daß sich unter den Füßen ein einzigartiges, archäologisches Denkmal befindet.« »...das System konnte bisher in einer Länge von einhundert Kilometern erforscht werden. Die Gelehrten sind überzeugt, daß es sich noch weiter durch das Gebiet von Kasachstan hindurchzieht und an Ausdehnung das weltbekannte System der geheimnisvollen Linien und Zeichnungen in der peruanischen Wüste von Nazca übertrifft...«

Bei der Fülle derartiger Kuriositäten muß doch die Frage laut werden: Weshalb schufen Menschen in allen Erdteilen riesige, gegen den Himmel gerichtete Zeichen, die sie selbst gar nie überblicken konnten?

Literaturverzeichnis

1 von Däniken, E., Erinnerungen an die Zukunft. Düsseldorf 1968.

2 do., Zurück zu den Sternen. Düsseldorf 1969

3 do., Aussaat und Kosmos. Düsseldorf 1972

4 do., Erscheinungen. Düsseldorf 1974

5 do., Beweise. Düsseldorf 1977

6 do., Im Kreuzverhör. Düsseldorf 1978

7 do., Prophet der Vergangenheit. Düsseldorf 1979

8 do., Reise nach Kiribati. Düsseldorf 1981

9 do., Strategie der Götter. Düsseldorf 1982

10 do., Der Tag, an dem die Götter kamen. München 1984

11 do., Habe ich mich geirrt? München 1985

12 do., Wir alle sind Kinder der Götter. München 1987

13 do., Die Augen der Sphinx. München 1989

14 ohne Namen, Die geheimnisvollen Pfeile von Ustjurt. In Sowjetkultur, 11. Aug. 1981

3. KAPITEL

PLÄDOYER FÜR DIE LEHRMEISTER

Cuzco, die alte Hauptstadt des Inka-Reiches, ist heute ein magnetischer Anziehungspunkt für jeden Peru-Touristen. Die Stadt liegt auf 3500 Metern Höhe in einem weiten, von hügeligen Bergen umgebenen Tal. Niemand weiß so recht, wo der Ursprung von Cuzco zu suchen ist. Die klassische Archäologie spricht von »legendären Anfängen« und legt diesen Beginn erstaunlich spät ins 13. nachchristliche Jahrhundert. Fest steht, daß Cuzco im 15. Jahrhundert, während der Regierungszeit des Inka Pachacutec, Zentrum des Inka-Reiches war und damals 200 000 bis 300 000 Einwohner beherbergte.

Im Norden über der Stadt liegt die spektakuläre Festung Sacsayhuaman. Die megalithischen Mauern dieses Monumentes gaben Anlaß zu unzähligen Spekulationen und Theorien. Täglich transportieren qualmende Busse und abgasschwangere Taxis Hunderte von Touristen zur großen Plaza vor den Mauern Sacsayhuamans. Der zyklopische, in Zickzackform angelegte Wall ist 540 Meter lang und erreicht in drei übereinanderliegenden Terrassen eine Höhe von 18 Metern. Die präzis zugeschnittenen Einzelbrocken aus Yucay-Kalkstein und schwarzem Andesit erreichen Gewichte bis zu 360 Tonnen. Der größte Brocken mißt 9×5×4 Meer.

Natürlich wird diese Anlage den Inka zugeschrieben, weil das

saubere Ineinanderfügen der Gesteinskolosse mit ihren vielfälti-
gen Ecken der typischen Inka-Bauweise entspricht. Dennoch
vermuten Gelehrte, die Festung sei Jahrtausende alt. Man mag
nicht recht einsehen, gegen welchen Gegner die Inka ein derartig
gewaltiges Bollwerk errichtet hätten. Schließlich waren sie die
unumschränkten Herrscher in ihrem Reich. Zudem paßt die
Terrassenmauer nicht in die Landschaft und nicht in diese Höhe.
Was eigentlich sollte durch sie verteidigt werden?

Die Inka selbst führen ihre Dynastie auf den Urvater Manco
Capac zurück, der als Sohn des Sonnengottes das Reich gegründet habe. Manco Capac verfügte über erstaunliches Wissen,
denn er trat als Lehrer auf, der den ungebildeten Anden-Bewoh-
nern beibrachte, wie man Pflanzen züchtete, Bewässerungska-
näle anlegte und Tempel errichtete. Vielleicht geht das unverstandene Mauerwerk von Sacsayhuaman auf die göttlichen
Kenntnisse von Urvater Manco Capac zurück.

Lange vor dem legendären Manco Capac, vor dem angenom-
menen Beginn des Inka-Reiches, existierte um Cuzco die megalithische Stadt einer rätselhaften, unverstandenen Kultur, die
mit Felsmassen umging wie unsereiner mit Lego-Steinen. Als
der Inka-Herrscher Pachacutec (1438–1471) Cuzco neu auf-
baute, ließ er Tempel und Paläste auf den mächtigen Megalithen
einer uralten Stadt erstellen, die vom Schöpfergott Viracocha
erbaut worden sei und ursprünglich Acamama geheißen haben
soll. Tatsächlich wurden bei archäologischen Grabungen unter
Cuzco 3800 Jahre alte Gebeine gefunden, und das verheerende
Erdbeben von 1950 brachte zwei megalithische Tempel zum
Vorschein. Einer dieser Tempel aus geschliffenem, grünem
Diorit liegt nur achtzig Meter von Cuzcos Hauptplatz entfernt.

Demselben Erdbeben von 1950 verdanken wir die Freilegung
des einstigen Inka-Heiligtums Quorikancha, das direkt im und

unter dem Kloster Santa Domingo liegt. Spanische Chronisten berichteten, in diesem Heiligtum seien die konservierten Mumien der Inka-Herrscher auf goldenen Thronen gesessen, alle Räume seien mit Silber und Gold tapeziert gewesen, und im Sternentempel hätten eine mächtige, goldene Sonnenscheibe und viele Gestirne von der Decke gestrahlt (1).

Die Inka wußten Bescheid über die megalithischen Bauten jener rätselhaften, jahrtausendealten Superstadt um Cuzco, denn sie bauten nicht nur auf deren Überbleibseln, sondern benutzten sie auch für ihre Zwecke. Als die Spanier plündernd, raubend und mordend die christliche Religion der Sanftmütigkeit und des Friedens importierten, fielen ihnen zwar ungeheure Mengen Edelmetall und Edelsteine in die Hände, ein großer Teil des Kunstschatzes aber, der von den Konquistadoren gesehen worden war, verschwand auf geheimnisvolle Weise in den »Chinkanas«, den unterirdischen Labyrinthen aus der Megalithzeit. Diese »Chinkanas« sind Jahrtausende älter als das Inka-Reich. Es sind kunstvoll aus dem Felsen herausgeschnittene Stollen und Tunnel, die sich kreuzen, winden, biegen, über- und untereinander in alle Richtungen verlaufen. Nur Kenner trauten sich in die unterirdischen Gewölbe, selbst Inka Garcilaso de la Vega wagte sich nur soweit hinein, wie das Tageslicht reichte.

Die labyrinthischen Kavernen sind eng mit den oberirdischen Rätseln verknüpft. Auf dem abgeflachten Plateau über der Zickzackmauer von Sacsayhuaman liegt »Muyuc Marca«, ein Gebilde aus drei konzentrischen Steinkreisen, das heute den Touristen als »Kalender der Inka« verkauft wird. »Muyuc Marca« bietet einen imposanten Anblick, der eher an eine Art von »Zifferblatt« erinnert. Die drei Kreise sind durch »Speichen« unterteilt. Heute noch sichtbar sind aus dem Andesit herausgehauene Wasserleitungen sowie geschliffene, monolithische Blöcke, die einst als Unterbau eines mächtigen Tunnels dienten.

Nur wenige hundert Meter von der Inka-Mauer Sacsayhuaman entfernt, an der Straße Richtung Pisac, liegt der Kenko Grande, ein weiteres Wunder jener unverstandenen Megalithkultur, die dem Schöpfergeist Viracocha zugeschrieben wurde. »Kenko« heißt übersetzt etwa »voller Windungen«, und so bietet sich das steinerne Ungetüm auch dar. Über drei Meter hohe, leicht nach vorn geneigte Felswände sind glatt poliert, Stufen, Nischen, Winkel aus dem Fels geschnitten. Rätselhaft ineinander verkeilte Stollen lassen vermuten, daß der Kenko Grande in seiner ursprünglichen Form etwas ganz anderes gewesen sein muß als das, was er heute präsentiert. Die Inka benutzten den Kenko als Heiligtum. So sind denn deutlich zwei Baustile auszumachen: Die ursprüngliche, gigantische Verarbeitung der unbekannten Megalithtechniker und die vergleichsweise stümperhafte Mauer des Inka-Heiligtums.

Die Basislager

Die wirkliche Sensation von Cuzco liegt oberhalb der Inka-Mauer Sacsayhuaman. Hier wimmelt es von zerklüfteten Felsen, die im landläufigen Sinne das Wort »Ruinen« nicht verdienen. Da liegen keine zerbröselten Gesteinsmassen herum, keine kleineren oder größeren Quader, keine unkenntlich gewordenen Überbleibsel irgendwelcher Mäuerchen. Über Schrunden und Felsgrotten klettert man auf Plattformen und erreicht abrupt kurios zerschnittene Gesteinsungetüme. Staunend steht man vor geschliffenen und polierten Wänden, als wäre es Beton, von dem die Holzverschalung vorgestern entfernt wurde. Wie von einer Urkraft geschüttelt, sind Grotten und polierte Tunneleingänge in ihrem ehemals geraden Verlauf unterbrochen, zerstört, ineinandergeschoben. Nichts ist hier oben zusammengesetzt, nichts mit irgendeinem Bindemittel aneinander gefügt. Die Kanten sind rechtwinklig und messerscharf, hinter jeder Krümmung, in jeder Kammer, nach jedem Stockwerk warten neue Überraschungen.

Wenige Kilometer von dieser Ansammlung des Unbegreiflichen entfernt liegt Cusieluchayoc, ein nie verstandenes Felsmonstrum mit Partien von rechtwinkligen Kanten, schraffierten Oberflächen, undefinierbaren Vertiefungen, unerklärlichen Steinvitrinen, Kammern, Stufen, die verkehrt von der Decke zum Boden laufen. Es sind die Spuren einer unverstandenen Kultur, die in der Steinbearbeitung den Inka haushoch überlegen war; oder meinetwegen die Überreste eines Basislagers von Außerirdischen.

Direkt hinter der Inka-Festung Sacsayhuaman liegt auf gleicher Höhe wie das Bauwerk ein megalithisches Rätsel ganz besonderer Brisanz. Hier ist nichts, was sich nach dem gängigen Schema interpretieren ließe. Keine Ordnung, keine Mauer, keine Felsvorsprünge, die in der vorliegenden Weise einen Sinn erfüllen würden. Glatte Flächen enden an verkehrten, der Decke entlang laufenden Stufen. Diese Stiegen sind nicht begehbar, kein Mensch kann an der Decke kleben. Die Felsmonster erscheinen widersinnig, als stammten sie aus der Werkstatt eines verrückten Steinmetzen. An Granitklötzen entlang verlaufen Gesimse und Aussparungen, als hätte eine Steinmetzschule ein Übungsklopfen veranstaltet.

Weil um diese unverständlichen Felsmassen herum stets wieder kleine Inka-Mäuerchen auftauchen, erklärten die Archäologen die Orgie in Fels zum Inka-Kultplatz. So werden aus Plattformen »Opfertische«, aus herausgeschnittenen Partien »Inka-Throne«, aus Nischen und Grotten ein »Totenkult«. Es ist keine Schande zuzugeben, daß man etwas nicht weiß. Über die hier beschriebenen Felsverarbeitungen weiß man nichts. Die Gesamtanlage ist mit einer uns nicht bekannten Methode zu einer uns nicht bekannten Zeit von uns nicht bekannten Wesen erbaut worden.

Dieselben Bau- oder Lehrmeister, die im heutigen Peru tätig waren, ließen ihre Handschrift auch in anderen Regionen zurück. In Anatolien (Türkei), rund 15 000 Flugkilometer vom Inka-Reich entfernt, entstand im 2. Jahrtausend vor Christus die Hochkultur der Hethiter. Über ihre Anfänge weiß man wenig, die Kultur der Hethiter scheint aus Kontakten mit Assyrien und Ägypten entstanden zu sein. Die hethitische Hauptstadt Hattuscha (das heutige Boghazköy) ist eines der großartigsten Festungswerke des Altertums. Der Stadtkern war von einer sechs Meter hohen und acht Meter dicken, zyklopischen Mauer abgeriegelt. In die westliche Stadtmauer eingelassen ist das monumentale Löwentor, aus einem Felsblock geschnitten. Wie Sacsayhuaman in Peru liegt auch Hattuscha in der Türkei in hügeligem Gebirge, Stadt und Mauer sind dem teils schroff abfallenden Gelände angepaßt.

Verblüffenderweise entspricht die Bauweise des zyklopischen Schutzwalls der Hethiter demjenigen der Inka in Peru. Hier wie dort sind die mächtigen, vielkantigen Quader in derselben Weise bearbeitet und eingepaßt worden. Auf dem abschüssigen Gelände zwischen Hattuscha und dem Felsheiligtum von Jazilikaja liegen, wie von einer Riesenfaust hingeworfen, ähnlich rätselhaft zerschnittene Felsbrocken wie oberhalb Sacsayhuamans. Hier wie dort unverstandene Kanten, Nischen, Vitrinen, Stufen, Rechtecke. Auch bestimmte Partien des Felsheiligtums von

Jazilikaja erinnern an die Felsschneidekunst jener unbekannten Megalithbauer von Cuzco. In Jazilikaja können Touristen heute noch die aus dem Fels gemeißelten Göttergestalten mit ihren hochgezogenen »Hüten« bestaunen. Das Sphingentor von Alaca Hüjük, einer Stadt aus der Bronzezeit, nicht weit von der hethitischen Hauptstadt Hattuscha entfernt, könnte genauso gut in den hohen Anden stehen. Im unteren Drittel dieses Tores ist ein doppelköpfiger Adler eingemeißelt. Zeichen des Fliegens? Zeichen der Götter? Wir werden dem Symbol des Königs der Vögel weltweit begegnen.

Die Hethiter verehrten ein ganzes Pantheon von Göttern, in denen sie leibhaftige Gestalten erblickten, die allerdings unsterblich waren. Die hethitischen Götter aßen und tranken wie Menschen, befuhren den Himmel mit Barken, besaßen unvorstellbare Vernichtungswaffen, schleuderten den Blitz und unterwiesen die Menschen. Erst etwa 500 Jahre nach Beginn des alten Hethiter-Reiches ließ sich der Hethiter-König Tuthalija IV. (um 1250 v. Chr.) erstmals als Gott bezeichnen. *Nach* ihm betrachteten sich die Könige gleichzeitig als Gott und Mensch, doch *vor* Tuthalija IV. war auch den Regierenden bewußt: Die eigentlichen Herrscher, die Mächtigen, die Unvergleichlichen waren die Götter. Der Mensch blieb auch als König nur Statthalter und Knecht dieser Götter.

Naturreligionen?

Wer waren diese Götter? Phantasiegestalten? Psychologisch leicht deutbare Wesen? Naturgewalten wie der Donner, das Erdbeben, der Blitz, der Vulkan?

Zu allen Zeiten sind Naturreligionen entstanden. Begreiflich, denn die frühzeitlichen Menschen verstanden wenig von den Zusammenhängen, die zum Blitz führten, sie wußten nichts über die Entstehung von Erdbeben, vermochten nicht zu begreifen, weshalb der Berg Feuer spie. Was so mächtig wirkte, verheerende Gewalt hatte, was zum Himmel schoß und für Menschen unnahbar war, mußte göttlich sein. Das Unbegreifliche bewirkte Angst, aus ihr wuchs die Verehrung, die Besänftigung der Natur, das Ritual, das Opfer. Zum Unverstandenen gesellte sich die Phantasie und Einbildungskraft, Bilder wurden um diese göttlichen Naturgewalten gewoben. Dies alles akzeptiert, erklärt wenig. Die Götter der Mythologien und alten Religionen redeten, gaben Anweisungen, kommandierten, lobten. Naturgewalten sprechen nicht, geben keine Erklärungen ab, stellen keine Verhaltensregeln für die Gesellschaft auf. Sie diktieren keinen Moralkodex, befehlen keinerlei Bauwerke mit Vorhöfen, Innenhöfen und einem verwirrenden Reinigungsritual. In nachprüfbaren Einzelfällen nahmen diese Götter Menschen in ihre fernen »himmlischen Städte« mit, demonstrierten den Völkern technisch ausgeübte Macht, übermittelten ihnen neues Wissen, das ihrem Daseinstand weit voraus war. Die Ausgewählten, die Anweisungen der Götter an ihre Landsleute zu übermitteln hatten, erledigten das – weltweit! – in der Ich-Form: ...und ich hörte... und ich sah... und er sprach zu mir... er zeigte mir... er gebot mir... gehe hin zu... Seit Menschen reden können, bekundet die Ich-Form Augenzeugenschaft. In vielen Fällen dieser später als »Prophetenberichte« deklarierten Übermittlungen fügten die Augenzeugen Daten bei, wann und wo sich ein Ereignis abspielte, nennen Namen der beteiligten Götter oder von deren Hilfstruppen.

Eine vertrackte Situation!

Die Götter sollen nicht existiert haben. Sie sollen aus der

Phantasie und den Naturereignissen entstanden sein. Dann müssen alle Botschaften in ihrem Namen Erfindungen, Fiktionen – oder Lügen! – von sogenannten Propheten gewesen sein, die sich wichtig machen wollten. Erstaunlich. Die Menschheit hat aus diesen verlogenen Berichten ihre großen Religionen gezimmert. Wie hätten wir's denn gern? Erfundene Berichte in der Ich-Form oder reale Anweisungen der Götter? Im letzteren Fall muß die Frage unweigerlich lauten: *Welcher* Götter?

Wie will man die übereinstimmende Bautechnik an zwei Orten erklären, die 15000 Kilometer Luftlinie durch einen Ozean voneinander entfernt liegen? Sind die alten Hethiter nach Südamerika ausgewandert und begründeten dort das Inka-Reich? Schwerlich, denn zwischen den Hethitern und den Inka liegen Abgründe von Jahrtausenden. Dennoch ist an beiden Orten die älteste, vorgeschichtliche Epoche die perfekteste. Ein Unding, das zum evolutionären Prinzip paßt wie die berühmte Faust aufs Auge. Nach den vernünftigen Vorstellungen der Evolutionstheoretiker müßte jede nachfolgende Generation von der vorangegangenen gelernt haben. Die Bauweise späterer Kulturen müßte eigentlich perfekter, imposanter sein als jene der tumben Vorfahren.

Das Gegenteil trifft zu. Die Megalithkultur war grandioser als alles Nachfolgende.

Genau wie die Vorfahren der Inka ließen sich auch die Altvorderen der Hethiter an einem Ort nieder, der von den Göttern bewohnt worden war. Diese Götter flogen über die Kontinente, inspirierten hier wie dort Menschen, deponierten hüben wie drüben ihren Moralkodex. Selbst im Hochland von Kaschmir, 5000 Kilometer Luftlinie vom Hethiterreich entfernt durch unwegsame Wüsten und Gebirge, 20000 Kilometer von Peru, ist dieselbe, den Inka zugeschriebene Bauweise anzutreffen. Die

Grundmauer des Tempels von Martand, dreißig Kilometer von Srinagar, ist identisch mit der Inka-Bauweise, und die gigantischen, zerstörten Pyramiden von Parahaspur unweit Srinagars halten jeden Vergleich mit Inka-Konstruktionen aus. So kann es nicht verwundern, wenn in und um Parahaspur dieselben unsinnigen Felsblöcke lokalisiert werden wie oberhalb von Sacsayhuaman. Überall das Spiel mit den aus dem Fels geschnittenen Nischen, Vitrinen, Rechtecken; gehüpft wie gesprungen, unter den Bauten die Reste einer alten Megalithkultur.

Es ist eingewendet worden, Götter, außerirdische Wesen, würden niemals mit Stein hantieren, ihnen stünden ganz andere Baumaterialien zur Verfügung. Vorfabrizierte Elemente, aufblasbare Zelte, Kunststoffe aller Art. Stimmt und stimmt nicht, das eine schließt das andere nicht aus.

Wenn wir Menschen dermaleinst auf dem Mond oder Mars eine Station einrichten, Laboratorien erstellen und Reparaturwerkstätten für unsere Fahrzeuge benötigen, sind die aufblasbaren Zelte lediglich für die erste Phase, die Pioniere, bestimmt, bis festere Bauwerke die Provisorien ablösen. Wir importieren das Know-how und die Werkzeuge, nicht aber das Baumaterial. Auf Mond und Mars liegen Gesteine und Felsen herum, die sich vorzüglich verwerten lassen. Stein ist nun mal das solideste Material, es trotzt weitgehend den Winden, den Temperaturunterschieden, dem Feuer, dem Erdbeben und auch noch irgendwelchen Angreifern. Wer über die richtigen Werkzeuge zur Steinbearbeitung verfügt, wird Stein als Baumaterial verwenden, auch wenn er vom anderen Stern kommt. Zudem ist Raumfahrt stets auch eine Energiefrage. Eine raumfahrende Zivilisation wird keine Fertighäuser in ihre Raumschiffe verpakken und aus Gewichtsgründen schon gar keine Stahlbalken im Gepäck mitschleppen.

Die zerstörte Residenz

Mit welch unglaublicher Logistik die Götter dabei vorgingen, ist am Beispiel Puma Punku demonstrierbar. Das Trümmerfeld liegt eineinhalb Kilometer südwestlich der Ruinen von Tiahuanaco, auf 4000 Metern Höhe in der bolivianischen Hochebene. Archäologen betrachten Tiahuanaco und Puma Punku als einen Gesamtkomplex, doch neige ich dazu, Puma Punku als einstige Götterresidenz einzustufen und Tiahuanaco als den Ort, an dem die Menschen ihre Götter verehrten. Schon zu Zeiten der spanischen Eroberer waren Tiahuanaco und Puma Punku nur in Ruinen zu bestaunen. Der älteste spanische Historiker, der über Peru und Bolivien schrieb, Cieza de León, widmete den Ruinen ein ganzes Kapitel in seiner »Chronica« (2). An übermächtige Bauten gewohnt, zeigte sich Cieza de León tief beeindruckt über die gewaltigen Ausmaße und Steinplatten. Selbst Inka Huayna Capac (1493–1525) betrachtete die Ruinen mit Erstaunen.

Juan de Betanzos vermerkte in seine Geschichtswerk »Summa y narracion de los Incas« (3), Con Tiki Viracocha habe die Sonne, den Mond und die Sterne an den Himmel gesetzt und in Tiahuanaco die ersten Menschen geschaffen. Einem anderen Mythos zufolge war Viracocha bei seinem Schöpfungsakt nicht alleine. Zwei Söhne, Ymaymana Viracocha und Tocapo Viracocha begleiteten ihn. Nach dieser Legende, überliefert von Cristóbal de Molina (4), der Priester am Indianerhospital in Cuzco war, schufen Viracocha und seine Söhne in Tiahuanaco nicht nur die ersten intelligenten Menschen, sondern auch Vögel und Tiere aller Art. Nachdem Viracocha mehrere Menschengruppen in verschiedene Teile des Landes verpflanzt hatte, sandte er seine Söhne als Kontrolleure im Anden-Gebiet herum. Diese stellten fest, die Menschen seien eigenwillig, herrschsüchtig, und würden selbstgebastelte Götterfigürchen anbeten. Nachdem die Göttersprößlinge ihrem Vater Viracocha Bericht erstattet hatten, stiegen sie zum Himmel, während der Vater, wütend über die undankbaren Menschen, diese mit Feuer und Blitz strafte.

In dieser Überlieferung, die in ähnlicher Form von anderen spanischen Chronisten notiert wurde, strafte Viracocha nicht durch Krankheit, Siechtum, Einsamkeit, nicht durch Vernichtung von Ernte oder Vieh: Seine Waffen waren Blitz und Feuer. Hat die Mythe recht? Liegt hier der Grund für die Zerstörung der megalithischen Bauwerke in Peru und anderswo? Auch Puma Punku, das vom Schöpfergott Viracocha persönlich erbaute Basislager, blieb von seinem Zorn nicht verschont. Bevor der Schöpfer und Lehrmeister in undefinierbare Gefilde entschwand, zertrümmerte er Puma-Punku, in dem er die Plattformen in die Luft hob, umdrehte und fallen ließ.

Über die Bedeutung des Namens »Viracocha« ist viel gerätselt worden. Cieza de León hält ausdrücklich fest, der ursprüngliche Name habe »Ticsiviracocha« gelautet, während Betanzos den Schöpfer »Con Tiki Viracocha« nennt. Mühevoll ist versucht worden, diesen Namen zu übersetzen: In der Ketschua-Sprache bedeutet »Cocha« = »See« und »Vira« = »Fett« oder »Schaum«. Dies ergäbe »Schaumsee« oder »Fettsee«. Schon die berühmten deutschen Gelehrten Alphons Stübel (1835–1904) und Max Uhle (1856–1944) meinten dazu: »Ein Ausdruck, dessen Sinn nicht recht verständlich ist.« (5) Wie recht sie doch hatten! Ein »Schaum-« oder »Fettsee« wird wohl kaum gewaltige Monolithen zur perfekten Stadt zusammenfügen.

Vielleicht kommt der Schweizer Reiseschriftsteller Johann Jakob von Tschudi, der Südamerika im letzten Jahrhundert bereiste, der Namensdeutung näher. Er meint, möglicherweise

sei das Wort »Vira« phonetisch mißverstanden worden und leite
sich ursprünglich aus dem Ketschua-Wort »Huaira« (gespro-
chen: Vaíra) ab, was soviel wie »Luft« bedeute (6). Nun wirkt
»Luftsee« auch nicht gerade geistreich als Sinngebung für einen
Götternamen. In moderner Interpretation ließe sich deuten:
Der Gott aus der Luft, der den See in Schaum verwandelte oder
auf dem See niederging. Die Legende vermerkt tatsächlich,
Viracocha sei vom Firmament auf den Titicaca-See hernieder-
gesunken.

Was Viracocha trotz seiner verständlichen Wut über die
undankbaren Menschen in Puma Punku zurückließ, ist An-
schauungsmaterial erster Güte. Schon Pedro de Cieza de León
bezeichnete Puma Punku »als einen einzigen Bauplatz mit gigantischen Bildsäulen und einer riesigen Terrasse. Niemand hat
den unheimlichen Ort je anders als in Ruinen gesehen.« Und
sein Landsmann Antonio de Castro y del Castillo, der 1651 als
Bischof von La Paz amtierte, war nicht weniger beeindruckt (7):

*»Obwohl man früher annahm, daß die Ruinen das Werk der
Inka seien, als Festung für ihre Kriege, hat man jetzt erkannt,
daß sie im Gegenteil ein Bauwerk aus der Zeit vor der Sintflut
sind... Wären sie nämlich ein Werk der Inka in einer Ebene
ohne Gewässer und so tief gegraben, so hätten nicht einmal wir
Spanier ein so wunderbares Gebäude von solcher Schönheit
herstellen können. Was ich bewundere, sind diese so genau
angepaßten Steine...«*

Was ist zu sehen? Monolithen aus Andesit, Sandstein und
Diorit, einem graugrünen Tiefengestein von enormer Resistenz
und Härte. Die gewaltigen Brocken sind ungeheuer genau gearbeitet, geschliffen, poliert. Haarscharfe Rillen von sechs Millimetern Breite und dreizehn Millimetern Tiefe laufen wie mit
dem Lineal gezogen über fünf Meter lange Diorit-Monolithen.

Zapfenlöcher und ihre Gegenstände preßten die Ungetüme minuziös aufeinander, Metallklammern verbanden die einst monumentalen Brocken zu einem gigantischen Gebilde.

Wo sind die Planer – wo die Schrift?

Metallklammern? Die klassische Archäologie läßt nur Kupfer zu, denn Puma-Punku wird den Aymara-Indianern zugeschrieben, die keine anderen Metalle kannten. Kupfer ist weich, Steinplatten von 100 000 Kilogramm Gewicht wären durch Kupferklammern niemals zusammengehalten worden. An den Gesteinsungetümen sind fünf verschiedene Arten von Klammerverschlüssen feststellbar. Da gab es einfache und doppelte Klammervertiefungen für kleinere Blöcke, daneben kompliziertere Vorrichtungen mit Querriegeln, um den eingelegten Metallen einen größeren Widerstand zu geben. Heutige Bauingenieure wissen, wie rasch sich bei Temperaturschwankungen Betonelemente verschieben. In Puma Punku – auf 4000 Metern Höhe! – sinkt die Temperatur nachts oft unter null und steigt zur Mittagszeit auf zwanzig Grad. Selbst die Verschiebung um nur einen halben Zentimeter von zwei aufeinanderliegenden Platten hätte gereicht, die Leisten auseinanderzureißen.

Der französische Paläontologe Alcide Charles Victor d'Orbigny (1802–1857) bereiste Peru in der ersten Hälfte des 19. Jahrhunderts. Über Puma Punku schrieb er von monumentalen Toren, die auf einer lückenlosen Plattform von 40 Metern Länge gelegen hätten (8). Heute ist nichts mehr von einer 40 Meter langen Platte auszumachen. Nicht weiter verwunderlich, denn Ende des letzten Jahrhunderts mußten die deutschen Archäologen Alphons Stübel und Max Uhle mit eigenen Augen mitansehen, wie die bolivianische Armee Schießübungen auf die Monolithen von Puma Punku veranstaltete. Schon die Spanier hatten zerstückelt, was sich irgendwie kaputtmachen ließ. Die Gesteinsbrocken sind Regierungspalästen, Klöstern und Kirchen einverleibt worden.

Wenn Alcide d'Orbigny nicht gelogen hat, müßte die von ihm gesehene Plattform etwa 1000 Tonnen gewogen haben.

Gleich beim Anmarsch auf den kleinen Hügel von Puma Punku stößt man auf einen sonderbar bearbeiteten, bläulichen Porphyrblock, einem Gesteinsmaterial, das sonst auf dem Ruinenfeld nicht zu finden ist. 1889 vermerkte Johann Jakob von Tschudi über diesen Block (6):

»Auf dem Wege nach Puma-Punku trafen wir in einem Felde einen rätselhaften Monolithen von 155 Zentimetern Höhe und 182 Zentimetern Breite, an der Basis ist er 52, an der Spitze 45 Zentimeter dick. Er enthält zwei Reihen von Fächern. Die unteren sind zwei große, seitliche, längliche Fächer, in der Mitte zwei kleinere, viereckige übereinander. In der oberen, durch einfache Gesimse von den unteren getrennt, vier rechteckige. Der Monolith ist unter dem Namen ›El Escritorio‹, der Schreibtisch, bekannt.«

Generationen von klugen Köpfen rätselten über den Sinn dieses »Schreibtisches«. Als pure Ornamentik gibt er mit seinen Leisten und geschliffenen, rechtwinkligen Kanten nichts her, nirgendwo sind Verzierungen auszumachen, keine Schnörkeleien zu erkennen. Stübel und Uhle sahen in ihm den »Bestandteil eines altarartigen Baues« (5).

Wenn wir heute ein Haus erstellen, muß der Architekt von vornherein Aussparungen für Heizungsleitungen, elektrische Schalter, den Einbau von Küchengeräten oder Waschmaschinen freihalten. »El Escritorio« könnte in seinen Aussparungen uns technisch nicht bekannte Apparaturen aus Metall oder Kunststoff beherbergt haben. Doch man wird mich fragen, wo denn das Metall oder der Kunststoff geblieben sei?

War es unedles Metall wie Zink, Kupfer oder Messing, hat es sich durch die Jahrtausende aufgelöst, ist weggeschwemmt worden. War es edles Metall wie Silber und Gold, ist es schlichtweg geklaut worden. War es exklusiver Kunststoff oder ein sehr wertvolles Edelmetall wie Platin, so haben es die Baumeister wieder mitgenommen. Schließlich lassen unsere Ethnologen ihre teuren Geräte auch nicht als Gerümpel zurück.

Puma Punku erweckt den Eindruck eines mit letztem Raffinement erstellten Bauwerks, das die Bearbeitungstechnik, die Werkzeuge und Planung der einfachen Aymara-Indianer bei weitem überstieg. Hier läßt sich, wenn man nur will, demonstrieren, wie die gängige Lehrmeinung in die Irre führen muß. Wer derart kompliziert plant, wie es in Puma Punku geschehen ist, wer mit Millimeter genauen Schienen, Rillen, Verankerungen, Verschlüssen, herausgeschnittenen Flächen auf verschiedenen Ebenen arbeitet, wer vorfabrizierte Bauelemente einsetzt, muß zwingend Pläne besitzen.

Die Arbeiter im Steinbruch mußten schließlich wissen, an welchen Stellen die Monolithen ausgemeißelt werden sollten, wo Zapfenlöcher anzubringen sind, wo Leisten aus dem Block herausragen mußten. Die Bauleute am Bauplatz kamen ihrerseits ohne Pläne nicht aus, denn es galt, das komplizierte Stückwerk aufeinander abzustimmen, einrasten zu lassen. Und dies bei diesen »unmöglichen« Gewichten! Zudem mußten die Architekten Bescheid wissen über die Resistenz und Belastbarkeit der verschiedenen Werkstoffe. Endlich mußten die Steinmetzen über Arbeitsgerät verfügen, das ausnahmslos härter war als Andesit und Diorit. Kein Wanderprediger kann mir einreden, die millimeterbreiten Rillen und Löcher, die präzisen Schienen und Aussparungen seien mit Holz, Kupfer, Eisen oder gar Tierknochen bearbeitet worden. Keines der den Aymara-Indianern zugestandenen Materialien führte zum Ziel.

Planung bedeutet Schrift. Die Aymara – und da sind sich alle Archäologen einig – kannten keine Schrift. Angenommen, sie hätten die Anlage von Puma Punku erstellt, dann wäre sie mit den bescheidenen Arbeits- und Transportmethoden der Indios kaum innerhalb eines Arbeitslebens entstanden. Folgerichtig hätten die genialen Architekten ihre verwirrenden Maße den Nachfahren ins Ohr flüstern müssen, und wenn eines der Gedächtnisgenies überraschend verschied, hätte der bombastische Bau kaum vollendet werden können.

Das unlösbare Transportproblem

Der Großteil der Andesitblöcke, die in Puma Punku verbaut wurden, stammt vom Cerro Capira, von einem 80 Kilometer Luftlinie entfernten Vulkanberg. Die Nordseite des zackigen und kantigen Berges berührt mit seinem sanft auslaufenden Fuß das Ufer des Titicaca-Sees. Von den 80 Kilometern entfallen 50 auf den Seeweg. Auf der bolivianischen Hochebene wächst keinerlei geeignetes Holz, um daraus enorme Flöße zu zimmern. Zum Floßbau käme nur Balsa-Holz in Frage, das in den Wäldern in tieferen Gegenden am Fuße der Ostkordillere wächst. Tatsächlich verstanden es die Hochlandindianer bis in unsere Zeiten, Flöße aus Balsa-Hölzern zusammenzubinden, die 100 Personen, etwa 7500 Kilo, trugen. Um 200 Tonnen über den See zu transportieren, wären rein rechnerisch etwa 1300 Balsa-Stämme von zehn Metern Länge notwendig gewesen.

Rechnen kann jedeı – die Praxis sieht anders aus. Die Architekten werden wohl kaum zugelassen haben, daß mühselig bearbeitete Monolithen von den Flößen kippten und im See versanken. Dementsprechend hätte man die *unbearbeiteten* Blöcke, die weit schwerer waren als die Fertigprodukte, transportieren müssen. Wie hievt man eigentlich Steinmonster auf ein hypothetisches Floß, das vor der Belastung wie ein Turm gute vier Meter aus dem Wasser ragen müßte und, nachdem die Ladung aufsaß, mit vier Meter Tiefgang in die Flut sackte? Auf dem Floß selbst müssen ausgeklügelte Seilwinden verankert gewesen sein, und nur wenige Küstenabschnitte erlaubten eine Verladung. Es müßten Rampen, Bühnen, Abertausende von Holzrollen bereitgelegen haben, Frauen müßten rißfeste, lange Seile gewoben haben und Mineure hätten wuchtige Andesitblocke von den Bergwanden gesprengt.

Ein großer Teil der Bevölkerung müßte während einer Generation nichts anderes getan haben, als in tiefer liegenden Gegenden Balsa-Stämme abzuholzen, an den Titicaca-See zu bugsieren und zu Rampen, Bühnen und Floßtürmen zusammenzubinden.

Was dabei schwer in den Kopf will, ist dies: Menschen, Völker, Nationen, sind stolz auf ihre Leistungen. Weshalb bestreiten denn die Aymara die Erbauung von Puma Punku? Weshalb versicherten sie den spanischen Eroberern, Viracocha habe den unheimlichen Ort in einer einzigen Nacht gebaut, die Lasten seien über den See geflogen? Weshalb verehrten die Indios in Tiahuanaco einen *geflügelten* Gott?

In das berühmte Sonnentor von Tiahuanaco, lächerliche anderthalb Kilometer von Puma Punku entfernt, sind 48 Figuren eingemeißelt, die ihren fliegenden Hauptgott zu beiden Seiten flankieren. Keinem Archäologen der Neuzeit gelang auch nur eine annähernde Deutung dieser Figuren auf dem drei Meter hohen und vier Meter breiten Sonnentor. Vielleicht sollte ich froh darüber sein, daß die Krücken vererbter Schulweisheiten keine Lösung zulassen.

Einzig der verstorbene Prof. Hans Schindler-Bellamy, der jahrelang in Tiahuanaco tätig war, entzifferte die 48 Gestalten in ihrem technisch anmutenden Design als phänomenalen Kalender, der 22000 Jahre in die Vergangenheit zurückreicht (9, 10). Aus diesem Kalender lassen sich nicht nur die üblichen Daten ablesen, sondern auch noch die Tag- und Nachtgleichen, die astronomischen Jahreszeiten und die Position des Mondes für jede Stunde. Und all dies auch noch unter Berücksichtigung der Erdrotation.

Dafür sollen die simplen Aymara-Indianer zuständig sein? Woher kommt ihre Bescheidenheit, das herrliche Werk den Göttern zuzuschreiben?

Edelmetalle für die Götter

Südamerika ist gut für viele archäologische Knacknüsse. Da liegt beim Dörfchen Samaipata, fünf Autostunden von Santa Cruz (Bolivien) entfernt, der Berg El Fuerte. Die Bergspitze gleicht einer von Menschenhand geschaffenen Pyramide. Von unten nach oben verlaufen zwei parallele, 38 Zentimeter breite, und 26,36 Meter lange, schnurgerade Rinnen. Spielt man das Spiel »sieht-aus-wie«, dann drängt sich das Bild von einer gegen den Himmel gerichteten Rampe auf. Am oberen Ende der »Rampe«, auf der Spitze des Berges, liegen in den Fels geschnittene Dreiecke, Rechtecke, Kreise, die durch Rinnen untereinander verbunden sind. Seitlich, am rechten Berghang und ebenfalls in den

Fels geschnitten, wieder die unverständlichen »Vitrinen«, Quadrate, »Thronsessel«.

Die Fachgelehrten rätseln über die Bedeutung der Anlage. Man spricht von einer »Kultstätte der Inka« (11) von einem »Ahnenkult« (12), von der »Laune eines Fürsten oder Narren« (13) und gar von einer militärischen Festung. Der berühmte Amerikanist Hermann Trimborn qualifiziert die Gesamtanlage als »eine einmalige und mit keiner anderen Ruinenstätte vergleichbare Schöpfung« (14).

Und doch haben die Becken und Rinnen von Samaipata ein Double. Es liegt in San Agustin, eine Fahrstunde vom Städtchen Pitalito (Kolumbien) entfernt. Dort stehen, zwischen Dolmen, Menhiren und unterirdischen Tempeln, scheußliche Götterstatuen in der Landschaft herum, mit denen keiner etwas Rechtes anfangen kann. Dann ist da noch die »Quelle der Fußwaschung« – eben – das Double von Samaipata. Auf etwa 300 Quadratmeter Fläche trägt der abgeflachte, bräunliche Felsen ein kompliziertes Netz von handwerklich geschaffenen Kanälen unterschiedlicher Breite. Da gibt es schmale Rinnen, die sich wie Schlangen durchs Gestein ringeln, da sind systematisch angeordnete kleinere und größere Becken und Rondelle. In den Fels und an die Beckenränder schmiegen sich Reliefs von Eidechsen, Salamandern und affenähnlichen Tieren. Das größte Becken ist 3,20 Meter lang, 1,40 Meter breit und 81 Zentimeter tief.

Die Archäologen, die's eigentlich wissen müßten, flüchten sich in einen dubiosen Kult von Fußwaschungen und Blut. Sogar der offizielle Touristenführer, der vom Nationalen Kolumbianischen Institut für Anthropologie herausgegeben wird, hält die »Quelle der Fußwaschungen« für »eine geheiligte Stätte für religiöse Zeremonien und rituelle Bäder«.

Ich kann auch keine Patentlösung für den Berg El Fuerte bei

Samaipata und die »Quelle der Fußwaschung« bei San Agustin anbieten, doch erkenne ich an beiden Orten am ehesten eine Metallreinigungsanlage. Flüssig heißes Metall floß von Becken zu Becken, schwere Teile sanken auf den Grund, leichtere wurden weiter transportiert, unreine Teile und Schlacken blieben in den »Filtern« von Rondellen und Schlangenrinnen hängen.

Allgemein bekannt ist, daß die Inka über geradezu unglaubliche Metallegierungen verfügten. Ihre Schmelzmethoden, Gießtechniken und Beschichtungsverfahren ergaben Mischlegierungen, die zwar aussahen wie Gold und doch nur aus veredeltem Kupfer bestanden. Lehrmeister für diese fortgeschrittenen Veredelungsmethoden waren die Götter.

Die Märchen um Machu Picchu

Ein Götterheiligtum ganz besonderer Art ist die weltberühmte, peruanische Touristenattraktion Machu Picchu. Der Ort liegt 112 Kilometer nordwestlich von Cuzco in 2360 Metern Höhe, hoch über dem kurvenreichen Rio Urubamba. Als Entdecker Machu Picchus gilt der amerikanische Forscher Hiram Bingham (1875–1956), der, genaugenommen, den Ort nicht entdeckte, denn die Einheimischen kannten ihn längst, sondern für die Öffentlichkeit wiederentdeckte.

»Picchu« bedeutet soviel wie »Gipfel«, und »Machu« heißt wörtlich übersetzt »alt«. Machu Picchu = »alter Gipfel«. Gleich gegenüber von Machu Picchu liegt der Huayna Picchu, die »junge Bergspitze«. Machu Picchu und Huayna Picchu stechen wie abgewaschene Zuckerhüte aus dem feuchtnebligen Urubamba-Tal heraus, getrennt nur vom Silberstreif des Flusses, dessen Grollen noch in den lichten Höhen von Machu Picchu vernehmbar ist.

Machu Picchu ist unbeschreiblich. Roger Caillois von der Académie française nannte es »eine Hymne aus Stein von verschwenderischer, ja schockierender Pracht«. Es ist die halsbrecherischste aller Stadtburgen genannt worden, der »Panzerschrank der Inka«, die »Götterresidenz der Sonnensöhne«. Niemand kennt das wahre Alter von Machu Picchu, niemand den ursprünglichen Namen. 290 Bauwerke erheben sich auf künstlichen Terrassen, bedecken eine Fläche von 800 Metern Länge und 500 Metern Breite, nicht gerechnet die unzähligen Ackerbauterrassen, von denen einige buchstäblich am senkrecht herabfallenden Felsen kleben. Dieses einzigartige Wunder der Ingenieurkunst ist zudem so raffiniert angelegt, daß es von unten, vom Urubamba-Tal, nicht sichtbar ist. Das Baumaterial besteht vorwiegend aus bläulichem und smaragdgrünem Granit sowie hellem Lavagestein.

Im Zuge der Ausgrabungen entdeckten Hiram Bingham und seine Mitarbeiter Rätselhaftes. Eiserne Platten, bronzene Schmuckstücke, Armreife, Messer, Hämmer, Nadeln, Spiegel kamen zum Vorschein, doch keinerlei Juwelen, Gold oder Silber. Die einheimischen Grabräuber hatten Machu Picchu längst geplündert. Bingham brachte 173 Skelette ans Tageslicht, darunter 150 Frauenskelette. Dieser Umstand gab der Spekulation Auftrieb, Machu Picchu sei möglicherweise eine Stadt der Inka-Priesterinnen oder Götterjungfrauen gewesen. Rätselhaft sind die 156 diskusförmigen Gegenstände in Größen von abgeflachten Tennisbällen bis zur altertümlichen Bettflasche. 42 dieser feinpolierten Scheiben bestanden aus grünem, fast durchsichtigem Material. Bingham vermutete, es handle sich dabei um eine Art von »Zählscheiben«.

Auch dem oberflächlichsten, von seinem Reiseleiter gehetzten Touristen stechen in Machu Picchu drei unterschiedliche Baustile in die Augen.

Da sind die Mäuerchen der Ackerbauterrassen und einiger »moderner« Häuser, wie sie von heutigen Peruanern nicht anders errichtet werden. Dann gibt es die mächtigen Inka-Mauern mit ihren vielkantigen, aufeinander zugeschnittenen und eingepaßten Quadern, mit monolithischen Querbalken, wuchtigen, imposanten Türmen und den klassischen, trapezoiden Öffnungen. Und schließlich die uralten, riesigen und Hunderte von Tonnen schweren Megalithen, auf denen all das andere verankert ist.

Unbestreitbar haben in Machu Picchu Inka-Frauen und -Männer residiert, unbestreitbar überlebte hier eine kleine Volksgruppe die spanische Katastrophe. Doch diese Überlebenden waren niemals die Erbauer Machu Picchus, sie hätten nicht einmal die Zeit dafür gehabt. Machu Picchu ist in seiner ganzen Anlage und Architektur ein Generationenwerk, das wieder einmal auf den Resten einer viel älteren Megalithkultur errichtet wurde. Die »verlorene Stadt der Inka« existierte längst, als Francisco Pizarro anrückte.

Der Stilbruch zwischen Megalithbaukunst und Inka-Werk ist unverkennbar. Das sogenannte »königliche Mausoleum« ist in seiner Gänze aus dem natürlichen Fels herausgeschnitten, und selbst die sieben Stufen, die zum Mausoleum hinunterführen, sind, entgegen jeder Inka-Manier, aus demselben Felsstück herausgearbeitet. Die Mauer des hufeisenförmigen Haupttempels Machu Picchu liegt auf drei mächtigen, aus einem einzigen Block zugeschnittenen Felsstück. Diese Mauerwände sind doppelt so hoch wie die auf ihnen errichtete Inka-Mauer. Nur das obere Drittel der Tempelmauer ist Inka-Handwerk, die unteren

59

zwei Drittel gehören jenen unbekannten Megalithikern, die das ursprüngliche Machu Picchu errichteten.

Der sogenannte »Wachtturm«, ein halbrundes Gemäuer über dem »Mausoleum« gelegen, läßt die Aussage zur Gewißheit werden. Hier bauten die Inka nämlich um die ursprünglich vorhandene Megalithstruktur herum, ließen das Alte aus rätselhaften Gründen unberührt. Es ist bis heute nicht verstanden worden, was das steinerne Gebilde am Boden dieses »Wachtturms« bedeuten soll.

Kalender für die Nullen

Genauso unbegreiflich ist der am meisten bestaunte und fotografierte megalithische Dorn, »Sonnenstein« oder »Intihuatana« genannt.

Der Block thront an der höchsten Stelle der Stadtanlage, erreichbar auf schmalen, steinernen Stufen, tief links unten nur noch verträumt die Silberschlange des Urubamba. »Intihuatana« ist aus einem imposanten Felsstück herausgehauen. Der Boden und der rätselhafte Stein selbst sind in einem Guß miteinander verwachsen, die verschiedenen Abstufungen enden in einem eigenwilligen, rechtwinkligen Sporn, der als stummer Zeuge einer nie verstandenen Technologie seinen stumpfen Finger zum Himmel reckt. Dieser Hauptblock ist kompaßgenau nach den vier Himmelsrichtungen ausgerichtet, die Diagonale des Sporns selbst teilt den Himmel in zwei gleiche Hälften und weist zielgenau auf einen fernen Berggipfel.

In der Fachliteratur taucht stets die Meinung auf, alte Priester hätten derartige Observatorien zu Kalenderzwecken verlangt, um Frühjahrs- und Erntebeginn vorauszusagen, den Zeitpunkt zu bestimmen, wann der Same in den Boden gelegt werden müsse.

Ich halte diese Version für recht dümmlich. Weltweit sollen riesige Steinanlagen aufgetürmt worden sein – in Stonehenge, in der französischen Bretagne, in Cuzco, in Machu Picchu, – nur um zu offenbaren, was jedermann ohnehin beobachtete. Näher der Natur als wir es heute sind, verfolgten die alten Stämme die Jahresabläufe aus ihren Hütten und Höhlen. Das hohepriesterliche Kommando: »Frühjahrsbeginn!« änderte nichts an den Realitäten der Natur. Wenn in Machu Picchu im Frühling noch Schnee lag, half der befohlene Frühjahrsbeginn nichts, die Saat konnte der Mutter Erde nicht anvertraut werden.

Naturbezogene Menschen lesen den Frühjahrsbeginn am sprießenden Grünzeug ab, sie wissen auch, wann eine Frucht reif zur Ernte ist. Zudem konnten Kalender oder Sonnenuhren recht einfach und ohne megalithische Monsterwerke erstellt werden. Viele dieser simplen Kalender, bestehend nur aus einem Stab im Boden, einem Felsvorsprung oder einem Spalt in einer Höhle, sind gefunden worden.

Pedro de Cieza de León, der zwischen 1541 und 1550 auch an den Kriegszügen der spanischen Eroberer teilnahm, berichtete über sogenannte »Kalendertürme« an den Berghängen von Cuzco folgendes:

»In gewissen Abständen stehen hier kleine Türme, von denen aus man die Bewegung der Sonne beobachtete, der man große Bedeutung beimaß... Nach dem Schattenfall dieser Türme wurde die Zeit für die Saat und andere Verrichtungen festgelegt. Die Inkas beobachteten den Himmel sehr sorgfältig und achteten auf allerlei Vorzeichen, was auch damit zusammenhing, daß sie große Wahrsager gewesen sind.«

Um die Zeit der Saat vorauszubestimmen, wären nicht *meh-*

rere Kalendertürme notwendig gewesen. Zwei hätten genügt. Ich vermute, die Inka beobachteten den Himmel aus ganz anderen Gründen sehr sorgfältig: Sie warteten auf die versprochene Wiederkunft der Götter. Sie achteten auf alle Zeichen am Himmel, auf ein Aufblitzen in einer bestimmten Himmelsregion, das ihnen das Nahen der Götter ankündigte. Diese Götter hatten versprochen – gedroht – wiederzukehren. Es ist dieselbe Wiederkunftshoffnung – Wiederkunftsangst –, die bis auf den heutigen Tag in allen Religionen lebendig blieb.

Literaturverzeichnis

1 de la Vega, Garcilaso, Historia General del Peru, Primera y Secunda Parte. Madrid 1722 und 1723

2 Cieza de León, Pedro, La Chronica del Peru. Anvers 1554

3 de Betanzos, Juan, Suma y narracion de los Incas. 5 Bde., Madrid 1880

4 de Molina, Cristobal, Relación de las fabulas y ritos de los Incas. Santiago de Chile 1913

5 Stübel, A., und Uhle M., Die Ruinenstätte von Tiahuanaco im Hochland des alten Peru. Leipzig 1892

6 von Tschudi, J.-J., Reisen durch Südamerika. Leipzig 1869

7 de Castro y del Castillo, Teatro Eclesiastico de las Iglesias de Peru y Nueva Espana. Madrid 1651

8 d'Orbigny, Alcide, Voyage dans L'Amérique Méridionale. Paris 1844

9 Bellamy, H. S. und Allan, P., The Great Idol of Tiahuanaco. London 1959

10 do., The Calendar of Tiahuanaco. London 1956

11 Herzog, Th., Vom Urwald zu den Gletschern der Kordillere. Stuttgart 1913

12 Pucher, Leo, Ensayo sobre el arte prehistorico de Samaypata. San Franzisco 1945

13 Nordensköld, von E., Meine Reise in Bolivien. In: *Globus*, Bd. 97, 1910

14 Trimborn, Hermann, Archäologische Studien in den Kordilleren Boliviens, Bd. 3. Berlin 1967

4. KAPITEL

VOM HIMMEL HOCH...

Am 15. November 1519 geschah etwas, was die Altertumsforscher heute noch in Verlegenheit bringt.

An diesem Tage stand der spanische Eroberer Hernando Cortez (1485–1547) in der prächtigen Uniform eines Admirals vor der Aztekenhauptstadt Tenochtitlán. Mit ihren alten, geheimnisumwitterten Tempeln, Palästen und Pyramiden leuchtete sie im Morgenrot. Cortez ritt – flankiert von Armbrustschützen, bunte Wimpeln an den Lanzen – auf der breiten Avenida in die Stadt ein. Moctezuma, Herrscher des Aztekenreiches, empfing den Spanier in einer goldstrotzenden Sänfte. Würdenträger beider Seiten ließen sich auf kostbaren Teppichen nieder, und der Aztekenherrscher richtete eine Rede an die Spanier und die eigenen Landsleute: »Euch wie mir ist bekannt, daß unsere Vorfahren nicht aus diesem Lande stammen, in dem wir hier wohnen, sondern daß sie unter Führung eines großen Fürsten aus weiter Ferner eingewandert sind.« (1)

Dieses 450 Jahre alte Statement irritiert die Historiker. *Woher* sollen die Vorfahren der Azteken eingewandert sein? Archäologische Forschung bewies, daß Zentralamerika schon vor 6000 Jahren von einem Steinzeitvolk besiedelt war; man fand simple Werkzeuge, Töpfereien und Waffen. Was aber behauptete Moctezuma?

Zu den Vorfahren der Azteken gehörten die Maya, die in Zentralamerika viele ungelöste Rätsel hinterließen. Um 800–1000 v. Chr. – damals existierte das alte Rom noch nicht – gründeten sie ihre älteste Stadt Tikal. Sie liegt – 40 Kilometer vom Petén-Itzá-See entfernt – im heutigen Guatemala. Damit beginnt die Rätselraterei.

In Tikal gibt es weder fließende noch stehende Gewässer. Wasser mußte vom 40 Kilometer entfernten See geholt werden; später wurde eine gigantische Kanalisation mit Wasserreservoirs angelegt.

Wozu mußte Tikal an einem so »unpraktischen« Ort errichtet werden? Welcher zwingende Grund gebot den Bau der Stadt an einer wasserlosen Stelle?

Des Rätsels Lösung ist auf einem kleinen Jadeplättchen eingraviert, das heute im Museum von Leyden in Holland aufbewahrt wird. Diese, in der Fachliteratur »Leyden-Platte« genannte Gravur zählt zu den ältesten Funden von Tikal. Fünfzehn Maya-Glyphen – Schriftzeichen – sind eingeritzt. Nach einem nicht entzifferbaren Namen heißt es: »... ließ sich hernieder dieser Herrscher der Himmelsfamilie von Tikal...«

Himmelsfamilie? Welcher Herrscher ließ sich hernieder? Fragen, die ohne Antwort bleiben müssen, doch Rückschlüsse erlauben. Es war damals nicht anders als heute: Wallfahrtsorte entstanden dort, wo göttliche Manifestationen stattgefunden hatten. Tikal wuchs mit den Jahrhunderten wie eine moderne Großstadt. In der Zentralzone wurden bislang 3000 Bauwerke gezählt mit Wohnhäusern, Palästen, Verwaltungsresidenzen, Altären, gepflasterten Straßen und vielen Pyramiden. Alleine 60 noch stehende Pyramiden oder Pyramidensockel sind lokalisiert worden.

Wozu dienen diese bis zu 70 Meter hohen, steilen Pyramiden?

Waren es, wie oft behauptet, Observatorien? Weshalb denn so viele auf derart engem Raum?

Waren es Gräber? Unter Tikals Pyramiden sind keine Gruften gefunden worden.

Waren es Opferstätten? Jene Orte, an denen die Priester in grausamem Ritual den Sklaven die Herzen aus dem Körper rissen? Man weiß, daß Azteken und Maya schreckliche Menschenopfer zelebrierten, doch dies erst zu einem Zeitpunkt, als das uralte Tikal längst von seinen Einwohnern verlassen worden war.

Gruppierten sich um die Pyramiden Schulen verschiedener Denkweisen? Wo hätten die Studenten stehen, sitzen sollen? Es ist kaum Platz für einige Menschen.

Stellten die Pyramiden Denkmäler der Herrscherfamilien dar? Tikals alte Pyramiden sind nicht etikettiert. Zudem entstanden oft mehrere Pyramiden im gleichen Zeitraum.

Waren die Pyramiden als Empfangsplattformen – Ankerplätze –, für die das Firmament befahrenden Götter gemeint? Erwarteten die Priester ihre himmlischen Lehrmeister an der höchsten Stelle über den Urwaldwipfeln, um sie in einer feierlichen Prozession die steilen Treppen hinunter zu den Menschen zu geleiten? Einer derartigen Denkvariante widerspricht die Vielzahl der Pyramiden auf engem Raume nicht. In unseren mittelalterlichen Städten wimmelte es von Kirchen – oft dicht nebeneinander.

Folgt man dem mexikanischen »Codex Chimalpopoca«, »Buch der Überlieferungen« (2), dann weilte der himmlische Gott Quetzalcoatl, den die Maya unter dem Namen Kukulcán (auch Kukumaz) verehrten, 52 Jahre als Lehrmeister unter den Menschen. Quetzalcoatl heißt übersetzt »Grünfederschlange«. Grüne Federn waren sein Schmuck; deshalb wurde er auf Denkmälern als fliegende Schlange dargestellt. Sein Symbol war die Venus.

Nach der Überlieferung war Quetzalcoatl von großer, kräftiger Statur. Seinen Schädel dominierte eine breite Stirn, unter der stechende Augen weit auseinanderlagen. Er habe etwas wie einen Bart getragen, dazu eine fezähnliche Kopfbedeckung. Seine Stimme soll 15 Kilometer weit zu hören gewesen sein (3).

Für das plötzliche Verschwinden des himmlischen Lehrmeisters stehen zwei Versionen zur Verfügung: Entweder soll er sich selbst verbrannt haben und zum Morgenstern geworden sein, oder er soll im Morgengrauen gen Himmel entrückt sein, nachdem er vorher versprochen hatte, in ferner Zukunft wiederzukehren.

Diesem vielbewunderten göttlichen Lehrmeister wurden die Tempel und Pyramiden errichtet. Begreiflich, denn Quetzalcoatl alias Kukulcán lehrte den Menschen das Schreiben, die Mathematik, und er übermittelte ihnen auch noch astronomische Kenntnisse.

Das Zahlenrätsel

Unbestritten ist selbst unter den Fachgelehrten, daß die Maya von Anfang an über eine komplette Schrift und über einen unglaublich präzisen Kalender verfügten. Dies steht in totalem Gegensatz zu allen anderen Völkern, die Schrift und Kalender jeweils von Generation zu Generation entwickelt haben. Natürlich fanden auch in der Maya-Schrift im Laufe der Jahrhunderte Änderungen, Anpassungen statt, dennoch existierten Maya-Schrift und Maya-Kalender schon beim Bau von Tikal. Geradeso, als wären die Kenntnisse vom Himmel gefallen oder von einem eingewanderten Volk mitgebracht worden. War Moctezumas Rede vor 450 Jahren doch mehr als nur eine Floskel?

Den Maya war die Umlaufbahn der Erde um die Sonne mit 365,2421 Tagen bekannt. Nach heutigen Berechnungen mit modernsten Teleskopen: 365,2424 Tage.

Die Bahndaten der Venus kannten sie derart exakt, daß sie in 6000 Jahren nur um einen Tag differierten. Dabei existierten die Maya gar keine 6000 Jahre, sie hatten nie Gelegenheit zu überprüfen, ob ihre Daten stimmten. Dazu der britische Astronom Prof. Michael Rowan-Robinson: »Derartige Übereinstimmungen sind in der westlichen Astronomie erst in modernsten Zeiten erreicht worden (4).«

In der Sächsischen Landesbibliothek in Dresden wird der sogenannte »Dresdner Codex«, eine alte Maya-Handschrift, aufbewahrt. Zwei Blätter dieses Codex befassen sich mit der Mars-Bahn, vier mit Jupiter und dessen Monden, acht Blätter mit Merkur, Saturn und Venus, doch fehlen auch der Polarstern und die Sternbilder des Orion in der präzisen Abhandlung nicht. Sogar Kometen werden zur Kenntnis genommen. Auf sieben Blättern der sogenannten Finsternistafel sind über Jahrhunderte auf Tag und Stunde genau alle Sonnen- und Mondfinsternisse abzulesen. Dazu vermerkte 1937 der berühmte deutsche Prof. Herbert Noll-Hussum in der »Zeitschrift für Ethnologie«:

»Die Finsternistafel ist so genial angelegt, daß für Hunderte von Jahren jede einzelne überhaupt im Gebiet mögliche Finsternis, und außerdem als nicht-beobachtbare, theoretische Finsternis, jede andere auf den Tag genau bestimmbar und ablesbar ist.« (5)

Manche Maya-Forscher hören und sehen all dies mit Unbehagen. Wie konnte ein Volk, das sogar Menschen opferte, eine derart weit über seine Zeit hinaus fortgeschrittene Astronomie beherrschen? Woher bezogen die »Wilden« ihre phantastischen Kenntnisse? Wer brachte ihnen die Fähigkeit bei, die Bahnen der Planeten, und zwar in Relation zueinander, zu berechnen? Wenn Mars am Punkt X steht, wo steht dann Venus in Relation zu Jupiter? Die Maya wußten es. Woher?

Aus Jahrhunderte währenden Beobachtungen, aus einem manischen Zwang zum perfekten Kalender, aus einer Art von Sucht zur Mathematik, sagen Archäologen.

»Aber hier wie überhaupt, kommt es anders als man glaubt«, reimte Wilhelm Busch.

Waren die alten Sumerer, Babylonier, Ägypter oder Griechen, die auf eine jahrtausendealte Tradition zurückblicken konnten, dümmer als die Maya? Und wir so klugen Europäer, die aus dem Fundus der alten Völker schöpften, begriffen bis Galileo Galilei (1564–1642) nicht, was am Himmel vor sich ging.

Die Maya – und mit ihnen andere Völker der Frühzeit – waren weniger selbstherrlich als wir. In ihren Überlieferungen bestätigten sie, einst seien die Götter vom Himmel herniedergestiegen, die Lehrmeister. Von diesen Sternengöttern wird im »Buch der Jaguarpriester« gesagt (6):

»Sie stiegen von der Straße der Sterne hernieder ...
Sie sprachen die magische Sprache der Sterne ...
Ihr Zeichen ist unsere Gewißheit, daß sie vom Himmel kamen ...
Wenn sie wieder herniedersteigen werden ...
werden sie neu ordnen, was sie einst erschufen ...«

70

Bienen, Helme und Götter

Der ursprüngliche, der echte Quetzalcoatl/Kukulcán war eine »Himmelsschlange«, ein »Himmelsungeheuer«, das »in Abständen auf die Erde kommt« (7). Dieses einzigartige Himmelswesen war von allem Anfang an eng mit Itzamná, dem höchsten Himmelsgott der Maya, verbunden, dem Schöpfer der Schrift und des Kalenders. Er war der Herr des Himmels, »der in den Wolken wohnt«. Als alter Mann dargestellt, war sein Körper mit Planetensymbolen und astronomischen Zeichen verziert. Er war keine gewöhnliche Federschlange, die, notabene, in keiner Wirklichkeit existiert, nein, den Überlieferungen zu Folge war er eine »fliegende Schlange«, die vom Himmel kam. (Am Rande: Auch im alten Ägypten wurde eine Schlange mit Flügeln verehrt, und die alten Chinesen schreiben imposante Ereignisse dem Besuch der fliegenden Drachen zu.)

Selbst heute noch lebende Indianer, die Hopi in ihrem Reservat in Arizona, USA, bestätigen die Maya. Die Ur-Ur-Vorfahren seien von göttlichen Lehrmeistern, den sogenannten Katchina, aus dem Weltall unterwiesen worden (8). Zu Ehren dieser himmlischen Lehrmeister werden Jahr für Jahr – heute noch! – Katchina-Puppen geschnitzt und Katchina-Tänze aufgeführt. Und ein anderer Stamm, der am oberen Amazonas haust, verehrt jene göttlichen Besucher aus den Weiten des Alls. Es sind die Kayapó-Indianer, die ihren Lehrmeister mittels eines plumpen Strohanzuges imitieren, denn so ähnlich, in einen von oben bis unten gewobenen Anzug, habe dieser himmlische Lehrmeister ausgeschaut.

Diesen göttlichen Lehrmeistern zu Ehren entstanden Pyramiden, Stelen und Kultbauten.

Im Mai 1518 segelte der spanische Admiral Juan de Grijalva auf südlichem Kurs die mexikanische Küste entlang. Vom Schiff aus bestaunten Grijalva und seine Leute eine Stadt mit weißen Tempeln und Türmen, die ihnen groß und mächtig wie das heimatliche Sevilla dünkte. Es war Tulum, die Stadt, die auf einem hohem Felsriff an der karibischen Küste thront. Die Spanier wagten nicht, Tulum anzugreifen, die mächtigen Befestigungsanlagen schienen ihnen uneinnehmbar.

Tatsächlich ist Tulum eine der wenigen Maya-Städte, die nach drei Seiten von einer Stadtmauer umgeben sind. Innerhalb der Mauern erhoben sich Tempel – zum Teil mehrstöckig – wie weißgelbe Leuchttürme über der grünblauen karibischen See. Hauptheiligtum war der Tempel des geflügelten, niederfahrenden Gottes, den die moderne Archäologie zum Bienengott *Ah muzem cab* deklassierte. Kunstvolle Stuckdarstellungen des angeblichen Bienengottes zeigen an vielen Gebäuden alles andere als einen emsigen Honigsammler – nämlich ein vom Himmel herabfliegendes Wesen mit durchaus menschlichem Gesicht. Es rast bäuchlings abwärts, die gespreizten Arme sind angewinkelt, in seine Fäuste passen Steuerknüppel. Beschuhte Füße liegen auf gefederten Stelzenbeinen mit großen Auflagetellern. Daß der göttliche Honigsammler Overall und Sturzhelm trägt, macht die Bienen nicht wahrscheinlicher.

Tulum, das Admiral Grijalva kampflos zurückließ, soll zu Maya-Zeiten Tzama, Stadt der Morgenröte, geheißen haben. Von Tulum aus führen kilometerlange, gepflasterte Straßen zu Maya-Zentren wie Cobá, Yaxuna, Chichén-Itzá oder Uxmal. Eine vertrakte Situation. Die klassische Archäologie gesteht den Maya das Rad nicht zu. Weshalb dann die gepflastertcn Straßen? Die Straßenbauer scheinen nach einer einheitlichen Auftragsvergabe gearbeitet zu haben. Alle Straßen sind mit gestückeltem

Fels gepflastert und mit hellem, wetterfestem Belag überzogen. Die Strecke Cobá-Yaxuna ist zehn Meter breit, etwas pompös für einen Prozessionsweg.

Auf dem Teilabschnitt Cobá-Yaxuna wurde eine fünf Tonnen schwere, in zwei Teile zerbrochene Walze gefunden. Die wuchtige Rolle ist vier Meter lang und muß zum Walzen des Straßenbelags gedient haben. Ähnliche, etwas kleinere Rollen tauchten in Uxmal auf. Da hat ein Steinzeitvolk klobige Brocken aus dem Fels gebrochen und zu langen Rollen verarbeitet, aber das Rad – das ihm bekannt war – nicht verwendet. Ich fotografierte im Museo de Arte Prähispanico in Oaxaca mehrere Rädchen aus Bergkristall. Auch in den anthropologischen Museen von Mexiko-City und Jalapa stehen in Vitrinen Kinderspielzeuge mit Rädern. Und in der Maya-Stadt Copán in Honduras kamen mir Zahnräder und Steinräder mit Radnaben vor die Linse. Kürzlich las ich denn auch, die Maya hätten das Rad zwar gekannt, aber nicht benutzt, weil es heilig war. Dies wäre durchaus überzeugend, wenn es keine Straßen gäbe...

Straßen und Räder sollen den Göttern vorbehalten gewesen sein. Welchen Göttern? Eine sensationelle Darstellung dieser Götter steht im Museumspark von La Venta, beim Städtchen Villahermosa in der Provinz Tabasco (Mexiko). Der Park ist bekannt durch seine riesigen, behelmten Olmekenschädel, die dumpf vor sich hin brüten, im Freilichtareal verwittern. Weniger bekannt ist die »La Venta-Stele Nr. 3«, obschon sie mit fünfzig Tonnen Gewicht die schwerste Plastik des Museumsparkes ist. Der Steinklotz hat eine Höhe von 4,27 Metern und eine Breite von 2,03 Metern. Links unten sind Oberschenkel und Hosen einer Gestalt erkennbar, welcher der Kopf fehlt. Auf dem Schädel der komplizierte Kopfschmuck, wie er auch aus Ägypten, in diesem Falle vom ägyptischen Gott Min bekannt ist. Der obere, rechte Teil der Stele zeigt »eine schwebende, menschliche Figur, deren Kopf von einem enganliegenden Helm umschlossen wird. Dieser »herabsteigende Gott« scheint vor dem Kinn eine Art Maske zu tragen und direkt vor Nase und Mund ein Kügelchen, vergleichbar mit einem modernen Helmmikrophon (9).

Die bildliche Aussage ist klar: Einer der Himmlischen schwebt zu den Menschen hernieder.

Das Gegenstück davon, ein startender Gott, ist auf dem »Drachenmonolithen« im selben Museumspark eingraviert. Dort sitzt mit gebeugtem Rücken eine menschliche Gestalt in einer »Schlange«. Die Figur trägt einen ähnlichen Helm wie der herniederschwebende Gott auf der Stele No. 3. Auf dem »Drachenmonolithen« ist der Raum, in welchem die göttliche Gestalt sitzt, abgeschlossen. Die Füße liegen höher als das Gesäß, mit der rechten Hand wird eine Art »Stab« bedient. In der linken Hand trägt der in einem Anzug steckende Gott ein Körbchen, wie es auch bei sumerischen und babylonischen »fliegenden Genien« auftaucht. Über dem Kopf hängt ein viereckiger Kasten, den der Helmträger angespannt betrachtet.

Es gibt seltsame Doubletten. Im Museo Popul Vuh von Guatemala-City sind Köpfe hinter Helmen zu bestaunen, die, mit modernen Brillen betrachtet, an Eindeutigkeit nichts zu wünschen übrig lassen. Die göttlichen Köpfe scheinen hinter einem Glasrahmen zu liegen, unter der Nase hängt ein technisches Gerät. Im selben Museum stehen Vasen mit feinen Ziselierungen. Einige zeigen himmlische Lehrmeister auf ihren Thronen, mit undefinierbaren Gegenständen in den Händen (Ägypten!), und – wie nicht anders zu erwarten – liegen die Köpfe in kurios verzierten Helmen.

In dieselbe Kategorie gehört das Monument Nr. 27 von El

Baúl (Guatemala). Es handelt sich um eine Stele von 2,54 Metern Höhe und 1,47 Metern Breite. Die Steinplastik wird von einer Gestalt dominiert, welche selbstbewußt die Hände in die Hüften stützt. Sie trägt eine Art von Boxhandschuhen an den Händen, die tennisballgroße Kugeln umschließen. Die Füße dieser Figur stecken in Stiefeln, die bis zu den Knien reichen und in knickerbockerähnliche Hosen übergehen. Ein breiter Gurt trennt die Hose vom enganliegenden Oberteil. Verblüffend ist der Helm, der den Kopf umgreift: Einem heutigen Taucheranzug gleich schließt er mit breiten Wülsten auf dem Schulterrücken ab. Rückwärtig führt vom Helm aus ein Schlauch in einen kleinen, tankähnlichen Kasten, einen Behälter. Für die Augen läßt der Helm ein Guckloch frei, geschützt wie mit einer Klarsichtscheibe. Dahinter sind ein Auge mit Augenbraue, Nasenansatz und ein Teil der Nase erkennbar.

In direkter Verlängerung der Nase, doch außerhalb des Helms, hat der Steinmetz eine Tierschnauze, vielleicht die eines Jaguars, modelliert. Aus dem Rachen weht die ausgepreßte Atemfahne des Helmträgers.

Nach Gelehrtenansicht soll das Relief eine Szene aus dem Ballspiel der Maya darstellen, und der Sieger trüge die Maske eines Affen oder eines Opossums, deshalb sei der »Schlauch« vom Helm zum Tank nichts anders als der Schwanz der kleinen Beutelratte und die »Luft« aus dem Mund lediglich symbolisiertes Wasser (10). Wie blind muß man durch einschlägiges Studium geworden sein, um in einem Helm ein Opossum oder einen Affen zu sehen, der den Schwanz über die Schulter in einen Behälter auf dem Rücken taucht? Über diesen Rückenbehälter findet sich in der Fachliteratur kein vernünftiges Wort. Tierisches Zubehör? Wissenschaftsglaube braucht keine Erklärung. Man hat zu glauben. Ich interpretiere das Monument

Nr. 27 von El Baúl so: Zwei außerirdische Wesen, »Götter«
stritten gegeneinander, der Besiegte, reicht dem Sieger seine
Waffe und bittet um Vergebung. Oder: Nur die große Figur
stellt einen himmlischen Lehrmeister dar, mit einem hermetisch
geschlossenen Kleidungssystem, das ihn vor Bakterien und
Viren schützte. So erklärt sich der geschlossene Atmungskreis-
lauf: Der Fremde bezieht filtrierte Atemluft mittels Schlauch
und Tank aus dem Helm, und stöße die verbrauchte Luft aus.
Bei heutigen Schutzmasken gehen wir nicht anders vor. Der
Steinmetz, unfähig, technisch zu verstehen, meißelte, was seine
Augen und seine Erinnerung zu sehen glaubten.

Auch in Tikal (Stele Nr. 1) und Copán sind behelmte Wesen
gefunden worden, die mit Schläuchen an eigenartigen Gefäßen
auf dem Rücken verbunden sind.

Wären die behelmten und/oder herniedersteigenden/geflü-
gelten Götter ein anbetungswürdiges Symbol, das nur in Zentralamerika auftaucht, ich würde kein Wort über sie verlieren.
Wer will die Internationalität dieser Darstellungen bestreiten?
Wer will widersprechen wenn ich festhalte, diese himmlischen
Lehrmeister seien in unzähligen Menschheitsüberlieferungen
verewigt? Es ist noch nicht lange her, »nur« 2600 Jahre, da sagte
einer dieser Lehrmeister dem biblischen Propheten Hesekiel:

»Ihr Menschen habt Augen, um zu sehen, und seht doch
nichts (11).«

Literaturverzeichnis

1 Honoré, Pierre, Ich fand den weißen Gott. Frankfurt a. M. 1965

2 Lehmann, Walter, Die Geschichte der Königreiche von Colhuanán und Mexiko. Stuttgart/Berlin 1938

3 Nicholson, Irene, Mexican and Central American Mythology. London/New York 1967

4 Rowan-Robinson, M., Mayan Astronomy. In: New Scientist, 18. Okt. 1979

5 Noll-Husum, Herbert, Grundlegendes zur Zeitbestimmung der Maya. In: Zeitschrift für Ethnologie. Berlin, 69. Jahrg., Heft 1/3, 1937

6 Makemson, Worcester, M., The Book of the Jaguar Priest, a Translation of the Book of Chilam Balam of Tizimin with Commentary. New York 1951

7 Anders, Ferdinand, Das Pantheon der Maya. Graz 1963

8 Blumrich, Josef F., Kasskara und die sieben Welten – Weißer Bär erzählt den Erdmythos der Hopi-Indianer. Düsseldorf 1979

9 Eckhardt, Rudolf, Die La Venta Stele Nr. 3. In: Ancient Skies, 6. Jahrg., Nr. 1, 1982

10 Greene, Merle, Maya Sculpture. Berkeley 1972

11 ohne Namen, Die Heilige Schrift des Alten und des Neuen Testaments. Stuttgart 1972.

5. KAPITEL

WER SUCHET, DER FINDET

Selten erlebt man den Kontrast von Moderne und unbekannter ferner Zeit derart eindrucksvoll, als wenn man binnen einer Autofahrstunde die brodelnde Großstadt Mexiko-City mit ihren 11 000 Einwohnern pro Quadratkilometer verläßt und das Ruinenfeld von Teotihuacán besucht. Wer sich kurz informieren möchte, findet im Polyglott-Reiseführer »Mexiko« folgenden Hinweis: »Die Azteken fanden hier schon eine verfallene Sakralstätte und nannten sie Ort der Götter, da sie sich die gigantischen Bauwerke nur von diesen errichtet vorstellen konnten. Wir wissen nicht, wer Teotihuacán erbaute, wie es ursprünglich hieß, wann und warum es zerstört und verlassen wurde.«

Da weder Maya noch Azteken die Erbauer waren, und weil man keine Ahnung hat, wer um etwa 1000 vor Christus mit den Planierungsarbeiten für die Stadt begann, nennt man die unbekannten Baumeister »Teotihuacános«.

Als die spanischen Eroberer 1519 unter Hernando Cortez ins Land kamen, gab es Teotihuacán nur noch in Ruinen, die Stadt war überwuchert von tropischen Pflanzen. Selbst die Azteken kannten die Götterstadt nur in diesem Zustand. Immerhin ist der Name der Stadt keine neuzeitliche Erfindung. Die Azteken tauften sie auf den Namen Teotihu-*cán* und berichteten den Spaniern auch gleich, weshalb sie sie so nannten:

»Während der Nachtzeit, als die Sonne noch nicht schien, als es noch keinen Tag gab, da, heißt es, versammelten sich die Götter an dem Ort, den man Teotihu-cán nennt, um über den Menschen zu beraten.«

Was immer die Götter in der fernen Dunkelheit beschlossen haben mögen, sie müssen auch noch Pläne für den Bau von Teotihuacán zurückgelassen haben, denn aus den Ruinen läßt sich eine überirdische Botschaft ablesen.

Jenen unbekannten Teotihuacános, den Baumeistern, kann die Stadtplanung kaum in die Sandalen geschoben werden, denn – so will es die Lehrmeinung – sie sollen Steinzeitmenschen gewesen sein.

Unter Steinzeitmenschen stellen wir Normalbürger uns keulenschwingende, mit Fellen bekleidete Primitive vor. Die Archäologen sehen das anders. Steinzeitmenschen, sagen sie, haben in verschiedenen Bereichen durchaus Kultur besessen, wie etwa die Felsmalereien oder die Dolmen und Menhire beweisen. Mit »Steinzeitmenschen« ist im Grunde nur gemeint, daß sie noch keinen Umgang mit Metall kannten.

Die ersten Anfänge von Teotihuacán werden von der Wissenschaft auf 800 bis 1000 vor Christus datiert. Da war das alte Rom noch nicht gegründet, Jerusalem stand noch nicht, und in Europa hausten Nomaden. In seiner Blütezeit, um 600 nach Christus, hatte Teotihuacán eine Ausdehnung von 25 Quadratkilometern, seine Einwohnerzahl wird auf über 200 000 Indios geschätzt. Während der ganzen Bauzeit hielten sich die Architekten unbeirrt an die uralten Pläne. Solcher »Gehorsam« ist nur im Bannkreis einer alles beherrschenden Religion zu verstehen.

Baupläne von den Sternen?

Laurette Séjourné ist Archäologin. Sie leitete einige Jahre die Ausgrabungen in dieser Geisterstadt und meint zur Gründung und Architektur von Teotihuacán (1):

»Die Ursprünge dieser Hochkultur stellen das unzulänglichste aller Geheimnisse dar … Es ist sehr schwer, sich vorzustellen, daß der Komplex geistiger Voraussetzungen plötzlich, vollkommen ausgebildet, einfach vorhanden gewesen wäre. Wir haben keinerlei materielle Zeugnisse für diesen erstaunlichen Entwicklungsprozeß.«

So ist es. Wer plante Teotihuacán? Wer inspirierte die phänomenalen Pyramiden? Wollten jene Götter den Nachfahren ein Denkmal setzen? Sollten steinerne Mahnmale die Botschaft ihrer Anwesenheit überdauern?

Von Nord nach Süd verläuft eine drei Kilometer lange, 40 Meter breite Prunkstraße, die heute »Camino de los muertes« – Straße der Toten – genannt wird. Diese Benennung ist so willkürlich wie die Bezeichnungen »Mond-« oder »Sonnenpyramide« oder »Tempel des Quetzalcoatl«. Keine Beschriftung ist aufgetaucht, keiner der Monumentalbauten stellte sich mit seinem ursprünglichen Namen vor.

Auf einer Grundfläche von 150×200 Metern erhebt sich am nördlichen Ende der Prunkstraße die terrassenartig aufstrebende »Mondpyramide«. Von deren oberster Plattform aus sieht man auf der linken Seite die »Sonnenpyramide« liegen. Sie hat eine Grundfläche von 222×225 Metern und stellt das monumentalste Bauwerk in Zentralamerika dar.

Die »Straße der Toten« bildet die Nordsüd-Achse der Stadt. Die architektonische Gestaltung des Prachtboulevards bezeugt die unglaubliche Vermessungstechnik der Planer. Von Norden nach Süden hat sie ein Gefälle von 30 Metern, das die (steinzeitlichen) Architekten mit gleichmäßig angelegten Stufen überwanden: Alle fünfzig Meter steigen sieben Stufen und eine Plattform aus dem Grund. Jeder Besucher erliegt ob dieser Technik einer optischen Täuschung: Von unten nach oben oder von Süden nach Norden sieht der Betrachter – heute noch! – eine endlose Treppe, die schließlich am Ende der Avenue quasi in die Mondpyramide übergeht. Blickt man aber in die Gegenrichtung, dann sind alle Stufen und Plattformen – simsalabim – wie von Geisterhand weggezaubert. Unten ist nur das hellbraune, kilometerlange Band der »Straße der Toten« erkennbar. Zudem entsteht der Eindruck, Sonnen- und Mondpyramide wären gleich hoch, dabei überragt die Sonnenpyramide ihre Nachbarin um 19 Meter.

Heute fehlen auf den abgeflachten Pyramiden die Tempel, fehlt auf der Mondpyramide jene drei Meter hohe, 22 000 Kilo schwere steinerne Figur, die am Fuße der Pyramide gefunden und ausgegraben wurde. Ursprünglich stand auf der Spitze der Sonnenpyramide eine mit Gold und Silber überzogene Statue irgendeines Gottes; sie wurde noch zu Zeiten der spanischen Eroberer im Erdreich entdeckt, doch der Franziskaner Juan de Zumágarra (1478–1548), erster Bischof von Mexiko, ließ sie schleifen und einschmelzen.

Die ornamentalen Motive an den Tempelresten bestätigen, daß das Emblem der geflügelten Schlange in Mesoamerika lange *vor* den Azteken und Maya bekannt war. Die Motive sind so gut wie identisch mit den späteren Darstellungen des »echten« Gottes Quetzalcoatl der Azteken oder dem Kukulcán der Maya. Damit kann auch der »weißbärtige Mann«, der zu Maya-Zeiten »aus dem Osten« eingewandert sein soll (3), aus dem Comic strip handelsüblicher Behauptungen eliminiert werden.

Wirklich unbegreiflich an Teotihuacán ist die Tatsache, daß es sich als Stein gewordenes Modell unseres Sonnensystems erwiesen hat (4).

Das Sonnensystem en miniature

Dem amerikanischen Ingenieur Hugh Harleston, der mehrere Jahre an diesem »Ort der Götter« forschte, war aufgefallen, daß sich an allen Gebäuden eine Maßeinheit von 57 Metern oder einem Vielfachen davon ablesen ließ (5). An der »Straße der Toten«, beispielsweise, liegen markante Bauwerke 114 (= 2×57) beziehungsweise 343 (= 6×57) Meter voneinander entfernt. Die Mauer der Zitadelle mißt exakt 399 (=7×57) Meter.

Hugh Harleston fahndete nach einer kleineren Maßeinheit, die auf alle Bauwerke von Teotihuacán paßte. Das Grundmaß ergab sich mit 1,059 Metern. Harleston gab ihm den aztekischen Namen »Hunab«, was soviel wie »Einheit« bedeutet.

Quetzalcoatl-, Mond- und Sonnenpyramide sind 21, 42 und 63 *Hunabs* hoch,stehen also im Verhältnis von 1:2:3 zueinander.

Ein Computer errechnete derweil Unbegreifliches. Die Grundrißkante der Quetzalcoatl-Pyramide entspricht dem 100 000sten Teil des Polarradius (Umfang der Erde am Polarkreis). An der Zitadelle fand Harleston verschiedene pythagoreische Dreiecke, die Zahl Pi zur Berechnung des Kreisumfanges und die Ziffer für die Lichtgeschwindigkeit (299 792 km/sec.).

Pyramidenstümpfe und die Plattformen der Zitadelle ergaben die Maße für die durchschnittlichen Bahndaten der Planeten Merkur, Venus, Erde und Mars. Die Daten setzen sich direkt hinter der Zitadelle auf der »Straße der Toten« fort: Dort floß einst in einem künstlich angelegten Bachbeet der San-Juan-Bach unter der Straße durch. In richtiger Distanz symbolisiert er den Asteroidengürtel zwischen Mars und Jupiter, der – wie ein Bach – aus Hunderttausenden von Gesteinsbrocken besteht. Vom Zentrum der Zitadelle aus gemessen, weiter entlang der »Straße der Toten« auf die Mond-Pyramide zu, hätte Harleston nach 945 »Hunab« ein Gebäude finden müssen, das die Position des Saturn in unserem Sonnensystem markiert. Doch da war nichts. In der Nationalbibliothek von Mexiko-City fand Harleston alte Pläne von Teotihuacán, in denen genau am errechneten Punkt ein Tempel eingezeichnet war. Er ist Planierungsarbeiten zum Opfer gefallen.

Der Himmelsatlas komplettiert sich 1845 Hunab weiter, am Ende der »Straße der Toten«. Dort markiert der Mittelpunkt der Mondpyramide die mittleren Bahndaten des Uranus.

Haben die vorgeschichtlichen Städteplaner am Ende auch noch die fernen Planeten Neptun und Pluto gekannt, die erst in unserem Jahrhundert entdeckt wurden? Sie haben! Verlängert man die »Straße der Toten« über die Mondpyramide hinaus, findet man 2880 Hunab entfernt einen kleinen Tempel am Berghang, und weiter hinauf bei 3780 Hunab einen Turm – der die mittleren Bahndaten des Pluto verkörpert. Der Turm ist zwar jüngeren Datums, doch erhebt er sich auf dem Fundament eines ehemaligen Tempelchens.

Es ist nicht zu übersehen: Teotihuacán war als Modell des Sonnensystems angelegt. Die steinzeitlichen Bauherren und Städteplaner konnten nun wirklich nichts von den Bahndaten der Planeten in unserem Sonnensystem wissen. Wer kritzelte den Priesterarchitekten diese Kenntnisse auf Stein?

Der Glimmer im Sandwich

1983 stießen die Ausgräber auf mehrere Kellerräume, deren Decken mit einer 15 Zentimeter dicken Glimmerschicht isoliert waren. Diese Glimmerplatten sind einst im Sandwich-Verfahren in die Decken eingezogen worden: Stein/Glimmer/Stein.

Glimmer, ein Kalium-Aluminium-Hydrosilikat, wird im Granit gefunden – etwa im Gotthardgebirge der Schweiz oder in den Zillertaleralpen Österreichs. Glimmer besitzt viele hervorragende Eigenschaften: Er ist elastisch, bis zu 800 Grad Celsius hitzefest, er hält Schocktemperaturen (heiß/kalt) aus und widersteht allen organischen Säuren. Glimmer ist ein hervorragender Isolator gegen Elektrizität; er ist lichtbogen- und kriechstromfest und läßt sich in hauchdünne Folien aufblättern, weswegen er auch in die Schaufenster von Hochöfen eingesetzt wird.

Man mag den steinzeitlichen Teotihuacános eine Menge zutrauen – von den Multieigenschaften des Glimmers konnten sie nichts ahnen. Sie brauchten ihn auch nicht, denn sie hantierten weder mit hohen Temperaturen, gefährlichen Säuren noch mit elektrischen Spannungen.

Das große Rätsel in diesem Zusammenhang stellt aber der Glimmer selbst dar. Es handelt sich um Muskovit-Glimmer – von *vitrum muscovitum*. Das ist das gleiche Material, das unsere Großväter »Glas aus Moskau« nannten; sie setzen es in die Gucklöcher der Herde und Öfen ein.

Große Glimmervorkommen gibt es in Südafrika, Brasilien, den USA und rund um den Baikal-See in Rußland. Woher stammten die dicken Glimmerschichten in Teotihuacán? In zentralamerikanischen Gebirgen, die überwiegend aus Vulkangestein bestehen, ist diese Glimmerart kaum anzutreffen. Welche Wissenden ordneten an, ganz bestimmte Kellerräume

Teotihuacán mit Glimmerschichten zu isolieren? Und wozu? Wurde in diesen Räumen einst etwas Empfindliches aufbewahrt, das gegen Säuren, Hitze, Kälte und Blitzschlag isoliert sein mußte?

»Das ist der ganze Jammer: Die Dummen sind so sicher, die Gescheiten so voller Zweifel« (Bertrand Russell, 1872–1970).

Ein befreundeter Archäologe belehrte mich, Glimmer sei – eben, weil er so schön glitzere – als Schmuck und Augenweide verwendet worden, vielleicht gar als Überzug von sakralen Gebäuden. Mag sein. Nur hilft diese Lösung in Teotihuacán nicht weiter. Erinnern wir uns: Der Glimmer ist im Sandwich-Verfahren zwischen die künstlichen Gesteinsschichten gezogen worden, er »glitzerte« nirgendwo in der Sonne. Um einen Glitzereffekt zu erzielen, wäre zudem nur eine dünne Glimmerschicht notwendig gewesen, nicht gleich 15 Zentimeter Glimmerplatten übereinander.

Wenn Außerirdische hinter dem Grundmuster von Teotihuacán standen, stellt sich die Frage: Mit welcher Absicht? Just mit der, ist die Antwort, die Jahrtausende später Wirklichkeit wurde: Spätere Generationen sollten aus dem Muster der Ruinen Schlüsse, richtige Schlüsse, ziehen. Werden sie nicht gezogen, spricht das nicht für die Aufgeschlossenheit des irdischen Erkenntnisstandes zu Beginn des Weltraum-Zeitalters.

Aufgezeichnet für die Ewigkeit

In der Konsequenz aus neuen Erkenntnissen müssen die Entstehungsmythen der zentralamerikanischen Völker neu interpretiert werden. Dazu gehört das »Popul Vuh«, das heilige Buch der Quiché-Maya und die »Chilam Balam«-Bücher, die Mythen und historische Quellen enthalten. Im Buch »Chilam Balam« von Chumayel liest sich die Genesis so (6):

»Dies ist die Geschichte der Welt, wie sie in alten Tagen niedergeschrieben wurde ... so daß die Maya-Leute erfahren mögen, wie sie in diesem Land geboren wurden ... es geschah im Katun 11 Ahau (Datumsangabe), als Ah Mucen cab (herniederfahrender Gott) erschien. Damals war es, als Feuer herniederfuhr, dann fiel das Seil hernieder, anschließend die Felsen und Bäume ...«

Nicht anders tönt es im Chilam Balam-Buch von Mani:

»Dies ist der Bericht von der Niederkunft von einem Gott, den 13 Göttern und den 1000 Göttern, welche die Priester Chilam-Balam, Xupan, Nauat ... unterwiesen.«

Eine abendländische Schilderung, die für den gleichen Tatbestand steht, findet sich im Buch des Propheten Hennoch. Dort wird beschrieben, wie eine ganze Mannschaft von Lehrmeistern die Menschen unterwies (7).

»Semjasa lehrte ... das Schneiden der Wurzeln, Armaros die Lösung der Beschwörungsformeln, Baraqel das Sternschauen, Kokabeel die Astrologie, Ezeqeel die Wolkenkunde, Arakiel die Zeichen der Erde, Samsaveel die Zeichen der Sonne, Seriel die Zeichen des Mondes ...«

Es ist weltweit dasselbe, nur untersuchen unsere Gelehrten diese uralten Niederschriften isoliert, anstatt sie in einem globalen Raster zu entblättern. Die Hopi-Indianer in Arizona erzählen, ihre ursprünglichen Götter, die Katchinas, seien in Form von Kürbishälften auf der Erde gelandet. Die Insulaner der Gesellschaftsinseln im Stillen Ozean ziehen »Muscheln« als Bilder heran (8), durch die Legenden auf Kiribati, einer Inselgruppe Mikronesiens, fliegt der Urgott Nareau in einer Kokosnußschale (9), die indischen Götter steigen in »Vimanas« aus ihren Weltraumstädten hernieder (10), und selbst der Gott unseres vertrauten Alten Testamentes erschreckt die Menschen mit »Rauch, Beben, Lärm, Licht«. Alles nur Bilder – Bilder von was?

Für die jungen Völker – oder die uralten, wenn man will – waren die herniederfahrenden Lehrmeister »Götter«, die Weisen aus dem Kosmos. Entschwanden die Vorbilder aus dem Blickfeld, hoben die kleinen Ehrgeize der Hinterbliebenen an: Epigonen setzten ihre »Schule« durch und verlangten Respekt. Die vielen kleinen, nachgemachten »Götter« stifteten ein Chaos, während die echten Götter in den Hintergrund traten. Sie waren im Sinne des Wortes »abwesend«.

Im Bewußtsein der alten Völker war die Erinnerung an die himmlischen Lehrmeister nie getilgt. Ständig bewegte sie die bange Frage: Wie werden uns die Götter strafen, wenn sie, wie versprochen, aus dem Weltall wiederkehren? Man sollte nicht verkennen, daß diese Frage auch in modernen Religionen virulent ist, die Strafe der Götter oder des Gottes wird lediglich auf den Jüngsten Tag oder das Jüngste Gericht vertagt, sie wird über den Tod hinaus verschoben. Indessen fürchteten sich die alten Völker vor der realen Wiederkunft ihrer Götter. Ängstlich beobachteten sie das Firmament, führten über jede Veränderung sorgfältig Buch. Derartige »Buchführungen« sind sogar in herrlichen Maya-Skulpturen festgehalten worden, beispielsweise in der »Astronomen-Szene« der alten Stadt Copán.

Die drei Maya-Handschriften, die das Desaster der spanischen Eroberung durch Zufall überlebten, konnten (mit Ausnahme der Zahlen) bis heute nicht halbwegs vernünftig entziffert werden. Liegt es vielleicht daran, weil wir die Übersetzung mit einer verkehrten Vorstellung anpacken? Sind unsere Deutungen von Maya-Bildwerken deshalb so weltfremd, weil das

geistige Modell, die Vorgabe, die dahintersteckt, mit den Denkweisen der damaligen Priester wenig gemeinsam hat? Was sollen
denn nichtssagende Bezeichnungen wie »Grünfederschlange«,
»Bienengott«, »Schild-Jaguar«, »Tempel des Magiers« (in Uxmal), »Tempel des Blattkreuzes« (in Palenque), »mythologi-
sches Monster«, »fliegender Genius«, »Lebenskreuz«... usw.
Diese und viele andere Ausdrücke sind hohle Begriffe, perpetu-
iert und multipliziert in den Lehrbüchern.

Da sollen die sogenannten »Atlanten« von Tula 70 Kilometer
nordwestlich von Mexiko-City, mit einem »Pfeilbündel« und
einer »Schleudervorrichtung« ausgestattet sein, einen »schach-
telförmigen Hut« und über der Brust »ein stark stilisiertes
Schmetterlingsemblem« (11) tragen. Gütiger Himmel – die Bilder zeigen doch etwas ganz anderes!

Immer weiter – immer älter

Noch schwerfälliger als mit einer zeitgemäßen Auslegung von
Überlieferungen und Bildwerken tut sich die Archäologie mit
den Datierungen. Zwar sind die gebräuchlichen Datierungsme-
thoden, inklusive jene des seligmachenden C-14-Isotops, inzwischen ausgereift, doch was nützen sie, wenn den Ursprüngen
nicht auf den Zahn gefühlt wird? Ein Grab läßt sich leicht
datieren – der metallene Kunstgegenstand in der Hand des
Verstorbenen nicht. Ruinen sind dank der organischen Überreste (Knochen, Holzkohle, Gewebe etc.) rasch zeitlich festge-
nagelt, insbesondere, wenn gar hilfreiche Datumsglyphen die
Gebäude zierten. Klarer Fall – klarer Fall?

Die unerbittliche Zeit nagte stets an allen Gebäuden, heilige
Tempel blieben nicht verschont. Wenn heute eine Kirche zerfällt

ruft der Pfarrer die Gemeinde und das Land um Hilfe. Es wird nicht nur renoviert und restauriert, sondern oft auch abgerissen um am selben Ort neu aufgebaut. Dieses Spiel kann über Jahrtausende wiederholt werden. Deshalb entstanden auf alten, heidnischen Kultplätzen christliche Kirchen.

Der Boden von manchen Kultzentren war heilig, bevor restauriert und erweitert wurde. Dabei sind die am weitesten zurückreichenden Spuren am interessantesten. Schon aus Finanzgründen wird aber oft nur Oberflächenarchäologie betrieben, selbst wenn diese Oberfläche 15 Meter tief unter Schutt und Humus liegt. Da wird dann festgehalten, der Maya-Stamm X habe mit dem Maya-Stamm Y Krieg geführt, oder der Herrscher Chac Chib Chac von Chichén Itzá habe die Braut des Herrschers von Tzamal entführt. Wen interessiert das? Die Fragen über die Urquellen der Religion und nach den Anfängen des Götterkultes bleiben offen, die Antwort über die Bedeutung bestimmter Ritualmasken und Ritualgegenstände versinkt im Nebel von Nebensächlichkeiten.

Da liegt im Hochland von Mexiko die den Azteken zugeordnete Anlage von Malinalco. Hier wurde zu Ehren des Jaguars und des Adlers ein Tempel in Fels gehauen, der seinesgleichen in Mexiko nicht findet. Nur: Felsentempel sind nicht typisch für die Azteken. Hier muß schon vor den Azteken ein Heiligtum existiert haben. Das Plateau vor dem Tempel ist aus dem nackten Fels gehämmert worden, das eigentliche Heiligtum ist ein gigantisches, megalithisches Hufeisen in einem künstlichen Felsendom. Von den geglätteten Wänden schweben Adler, und auch ins Zentrum des Hufeisens ist ein steinerner Adler mit gespreizten Flügeln gemeißelt worden, geradeso, als steuere er auf den schmalen Felseingang zu.

Es gibt keine Antworten über das Alter dieser Anlage. Wir

wissen nicht, welche Menschen das Prachtwerk aus dem Felsen hämmerten. Wir ahnen nicht, zu Ehren welchen Gottes dies geschah. »Tierkult« ist unsere einzige phantasielose Antwort. Ich traue den Vorfahren mehr Esprit zu als nur banale Tierverehrung.

Zwitter und Monster

Die Vergötterung von Tieren aller Art nimmt streckenweise groteske Formen an. Man mag einen Adler verehren, weil er die stille Sehnsucht des Fliegens verkörpert, einen Jaguar wegen seiner schnellen und lautlosen Verfolgungsjagd, meinetwegen auch eine Kuh, die als Milchquelle Dankbarkeitsgefühle erweckt. Ich kann mich sogar mit dem irrationalen Gedanken vertraut machen, die tumben Vorfahren hätten in Tieren die Wiederverkörperung von Göttern und Ahnen vermutet. Doch genau besehen, sind alle diese Erklärungen nur Ersatzlösungen, weil uns nichts Gescheiteres einfällt. Weshalb vergötterten ganze Völkerscharen eine fliegende Schlange oder einen feuerspeienden Drachen, den es nie und nirgendwo gegeben hat? Was sollen die »fliegenden Genien«, die am »Lebensbaum« werkeln? An was für einem »Lebensbaum«?

Lauter weltfremde und sinnlose Bezeichnungen, die nicht mal zu den bildlichen Darstellungen passen. Der »fliegende Genius« kann ein menschenähnliches Wesen mit zwei oder vier Flügeln sein oder auch ein geflügelter Menschentorso mit dem Kopf eines Raubvogels. Der ominöse »Lebensbaum« taucht einmal als Kreuz auf, dann als »Zeremonialbalken« oder »Stele« oder gar, wie auf babylonischen Darstellungen, als ein rätselhaftes Gebilde aus miteinander verbundenen Strängen. Nur nie als

91

Baum! Eine moderne Interpretation macht wenigstens im Ansatz Sinn: Wesen, die fliegen konnten, veränderten den genetischen Code.

Aber sicher verstanden die Menschen vor Jahrtausenden nichts vom genetischen Code, nichts von Aminosäuren und gar nichts von der DNS-Doppelhelix – aber die himmlischen Lehrmeister verstanden sehr viel davon. Sie erzählten es ihren Schülern und zeichneten simple, schematische Darstellungen, genauso, wie es der Lehrer in der Schule bis auf den heutigen Tag tut. Die Adressaten derartiger Diagramme sollten Generationen sein, die sich dermaleinst selbst mit den genetischen Problemen auseinandersetzten. Was ist daraus geworden? »Fliegende Genien arbeiten am Lebensbaum.«

Laßt Bilder sprechen!

Um etwa 3000 v. Chr. begann das Volk der Sumerer, Rollsiegel herzustellen. Das sind kleine Stempel von einem bis sechs Zentimetern Länge, die von den Besitzern oft um den Hals getragen wurden. Diese Siegel rollte man auf Tongefäßen ab, stempelte Urkunden oder quittierte mit ihnen Abgaben an die Tempel, die ja auch die Finanzämter jener Zeit waren. Die ältesten dieser Rollsiegel zeigen mythologische Gestalten und Symbole, Vogelmenschen, Fabeltiere, Zwitterwesen, fliegende Objekte und Kugeln am Himmel. Dann wieder behelmte Götter am »Lebensbaum« – damals schon! – oder Himmelsbarken über dem Mond, in denen menschenähnliche Wesen sitzen. Andere Rollsiegel präsentieren Götter mit Sternen und fliegenden Gebilden auf den Häuptern, man erkennt technisch anmutende Geräte und sogar Sonnensysteme mit Planeten. Dies, obschon auch die cleveren Sumerer nichts von Sonnensystemen wissen konnten.

Die moderne Lehrmeinung sieht hinter all diesem Schnickschnack »Abstraktionen«. Erstaunlich. Die Abstraktion ist doch eine sehr fortgeschrittene Art der Kunst. Und wenn schon: Abstraktionen von was – bitte!

Geradezu hilflos werden unsere Erklärungsversuche im Zoo von Mensch-Tier-Monstren, ohne die kaum ein Museum der Welt auskommt. »Mischwesen« oder »Sphingen« nennt man diese Zwitter, angefangen bei der berühmten Sphinx von Gizeh bis zum Ungeheuer Medusa, aus dessen Kopf Schlangen zukken. Diese Wundergestalten in Hunderten von Variationen entspringen der Phantasie, sagt die Fachwelt. In vielen Fällen wird dies wohl stimmen – in anderen kann es nicht stimmen, wie Knochenfunde, literarische Belege und eindrückliche Monumente belegen (12). Zumindest vereinzelte dieser Monster müssen einst gelebt haben . . . Aus welchem genetischen Götterkabinett stammen sie? Wer hat die Horrorzwitter erschaffen?

Die Gravur auf dem schwarzen Obelisken von Salamasar II., heute im Britischen Museum in London zu besichtigen, läßt an Ausdruckskraft nichts zu wünschen übrig. Da werden zwei Tiere von Wärtern an der Kette abgeführt. Unbestreitbar haben die Viecher Menschenköpfe und sogar jugendliche Gesichtszüge. Das vordere Mischwesen lutscht am Daumen, das hintere zeigt gar mit gespreizten Fingern die lange Nase.

Die zeitgenössische Archäologie möchte uns die Zwitter als gefangene Affen verkaufen. Laßt Bilder sprechen!

Literaturverzeichnis

1 Séjourné, Laurette, Pensiamento y religion el México Antiguo. Mexiko 1957

2 Irwin, Constance, Fair Gods and Stone Faces. London 1964

3 Honoré, Pierre, Ich fand den weißen Gott. Frankfurt a. M 1965

4 Girard, Rafael, Die ewigen Mayas – Geschichte und Zivilisation. Zürich 1969

5 Harleston, Hugh, A Mathematical Analysis of Teotihuacan. In: XLI International Congress of Americanists. Mexiko 1974

6 Craine, Eugene & Reindorp, R., The Codex Perez and the Book of Chilam-Balam of Mani. University of Oklahoma 1979

7 Kautzsch, Emil, Die Apokryphen und Pseudoepigraphen des Alten Testaments, Bd. 2. Hildesheim 1962

8 Craighill, Handy, E. S., Polynesian Religion. Bernice P. Bishop Museum, Bulletin Nr. 34. Honolulu 1927

9 Autorenkollektiv, Kiribati, Aspects of History. Ministry of Education, Tawara 1979

10 Kanjilal, Dileep Kumar, Fliegende Maschinen im Alten Indien. In: Habe ich mich geirrt? von E. v. Däniken, München 1985

11 Pörtner/Davis, Alte Kulturen der neuen Welt. Düsseldorf 1980

12 von Däniken, Erich, Die Augen der Sphinx. München 1989

BILDTEIL

GEHEIMNISSE DIESER WELT

Oben: die Kukulcán-Pyramide von Chichén Itzá. *Rechts:* Heute noch steigt der himmlische Lehrmeister am 21. März Jahr für Jahr in einem Licht- und Schattenspiel die Treppe zu den Menschen hinunter.

Das Motiv des herniederfahrenden Gottes findet sich auf Säulen wieder. Sehr oft zeigten die Maya diesen Gott in einer »Kopf unten-Beine oben«-Position. Dann wieder wurde er als Lichtgestalt in Stein geschlagen, die von einem Strahlenkranz umgeben ist.

Rechte Seite:
Ebenfalls in Chichén Itzá finden sich Götterdarstellungen in overalllähnlichen, wulstigen Anzügen oder im Rachen eines fliegenden Drachens. – *Unten:* Der Tempel der Initialserie vom ältesten, vorgeschichtlichen Teil von Chichén und das Observatorium von Chichén Itzá.

Niemand weiß, welches Volk den Tempel von Chavín de Huantar in den peruanischen Anden erbaute. Hier fanden Archäologen Skulpturen und Stelen mit fremdartigen Köpfen, doch auch fein ziselierte, geflügelte Wesen und die bis heute unverstandene »Raimondi-Stele« *rechts*.

In der gewaltigen Tempelanlage von Prambanan in Java wurden auch die Fahrzeuge der Götter, die »Vimana«, verehrt. Alte Sanskrit-Texte beschreiben riesige Städte im Weltraum, die um die Erde kreisten.

Die Tempelanlagen von Kanchipuram in Südindien. Stets thront ein »Vimana«
– ein Himmelsfahrzeug – auf den steilen Spitzen von Tempeln und Pyramiden.

Stonehenge, Avebury und Rollright, drei von unzähligen megalithischen Anlagen in England. Niemand kennt die Erbauer, niemand den ursprünglichen Zweck dieser Steinkreise. Einzig für Stonehenge sind astronomische Bezüge nachgewiesen worden.

Impressionen aus Carnac in der französischen Bretagne.

Die Insel Malta ist 25 Kilometer lang und 12 Kilometer breit. Auf dieser kleinen Fläche beherbergt sie 30 gewaltige megalithische Tempel. Waren die Erbauer Riesen? Abkömmlinge der Götter und »gefallenen Engel«, von denen das Buch Hennoch spricht?

Die Großanlage von Hagar Quim liegt nur wenige hundert Meter von der Südküste der Insel entfernt, während der prähistorische Monumentalbau von Malta, der Tempel Ggantija, auf der nördlichen Nachbarinsel Gozo zu suchen ist. (*Oben links:* ein 7,34 Meter breiter Block von Ggantija)

Folgende Doppelseite:
Die Insel Malta ist von kuriosen »Geleisen« – die Einheimischen nennen sie »cart-ruts« – durchzogen. Diese geleiseähnlichen Rillen im Boden führen durch Täler, klettern Berge hinauf, oft verlaufen mehrere nebeneinander. Die Rillen vereinigen sich überraschend zu einer zweigeleisigen Strecke wie an den Stellwerken der Eisenbahn, um plötzlich und unberechenbar kühne Kurven zu ▷

nehmen oder schnurstracks in die Tiefe des Mittelmeers zu führen. Wieder andere »Geleise« enden jäh an einem steil abfallenden Riff. Diese einzigartigen Bilddokumente werden im Gelände bald nicht mehr zu sehen sein. Die maltesische Regierung tut nichts zu ihrer Rettung.

Das unterirdische Hypogäum von Malta.

Das Hypogäum ist aus dem nackten Fels gehauen worden. Welcher steinzeitliche Architekt plante diese unterirdische Anlage? Welchem Zweck diente der rätselhafte Bau.

Das weiße Pferd von Uffington, England, ist in seiner Gesamtheit nur aus der Luft erkennbar.

Folgende Doppelseite:
Der »Candelabro« in der Bucht von Paracas, Peru.

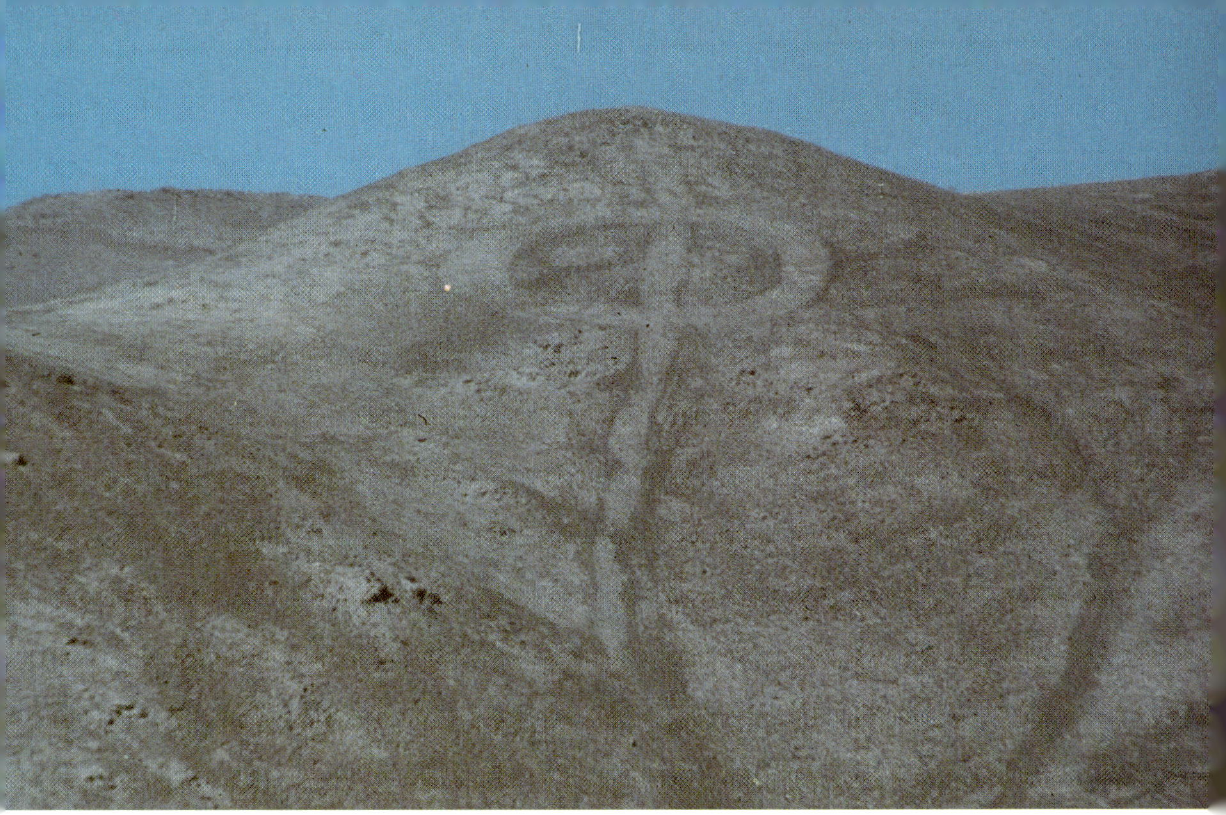

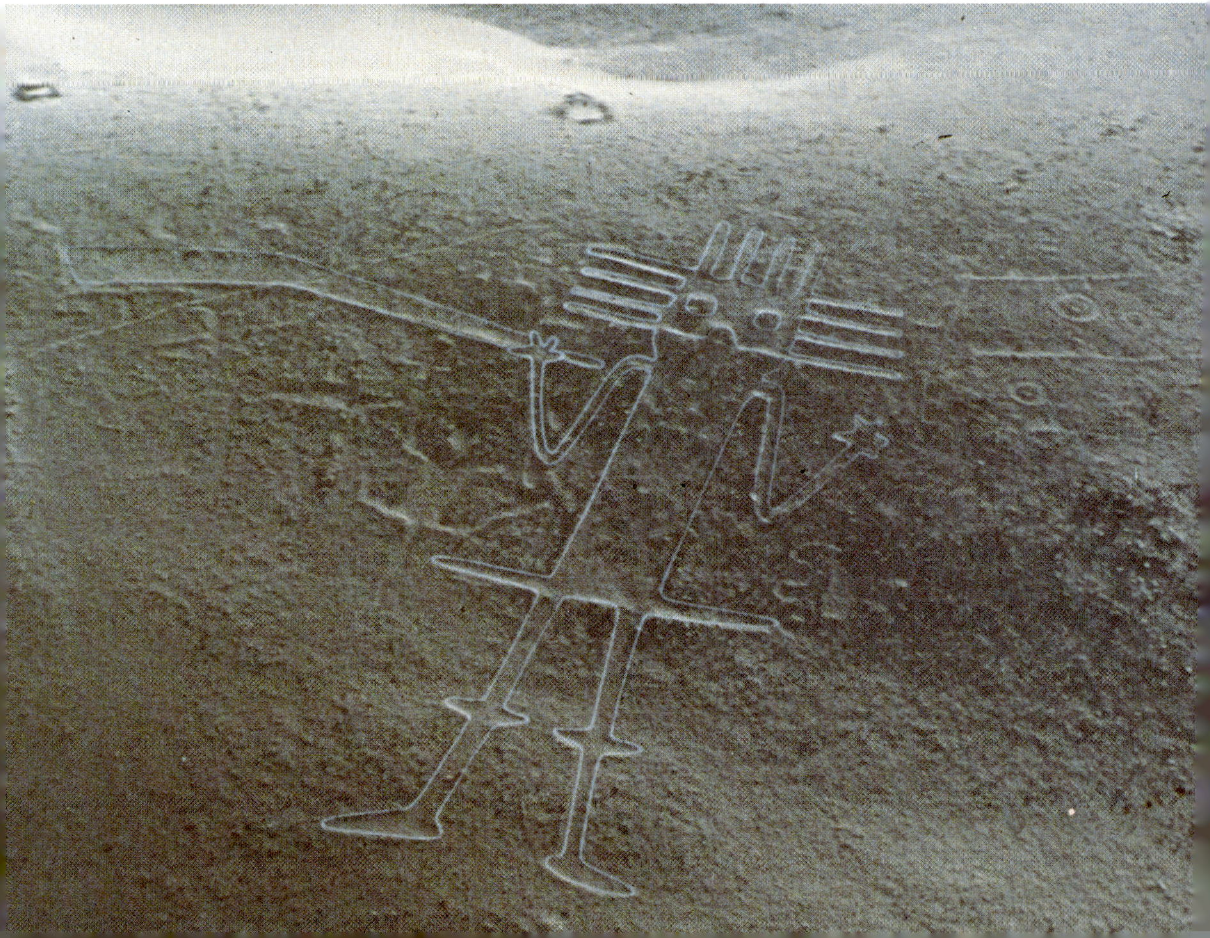

Zeichen für die fliegenden
Götter.
Links: Taratacar, Chile;
Oben und rechts:
Blythe, Kalifornien.

Über die Ebene von Nazca in Peru ziehen sich kilometerlange, pistenähnliche Linien. Sie beginnen abrupt, enden abrupt, laufen oft parallel nebeneinander.

Von der Luft aus betrachtet sieht
die Wüstenfläche aus wie ein
gigantischer, vor Jahrtausenden
verlassener Flughafen.
Oft laufen Linien und »Pisten«
strahlenförmig aufeinander zu,
um sich an einem Punkt zu vereinigen. In die umliegenden
Bergwände sind Zeichnungen für
die Götter eingescharrt (oben).
Die riesige Figur (rechts) wird
heute allgemein »el Astronauto«,
der Astronaut, genannt.

»Muyuc Marca«, der konzentrische Steinkreis, liegt oberhalb der Inka-Mauer Sacsayhuaman bei Cuzco, Peru. Er soll ein Kalender gewesen sein.

Der größte Klotz der Inka-Mauer mißt 9×5×4 Meter und wiegt 360 Tonnen.

Im Rücken der Inka-Festung
Sacsayhuaman und an den
darüberliegenden Bergwän-
den liegen die Überreste einer
nie verstandenen Megalithkultur. Die bearbeiteten Felsmassen sind keine »Ruinen«
im landläufigen Sinn. Als die
spanischen Eroberer die Inka
nach diesen eigenartigen Felsverarbeitungen befragten, lau-
tete die Antwort, all dies
stamme noch aus der Zeit der
Götter.

Beton? Ein Steinbruch der Inka?
Nein! Es sind die Trümmer einer
Residenz der Lehrmeister.
Wuchtige Granitbrocken stehen
auf dem Kopf – die verkehrte
Stiege im unteren Bild beweist es.

Die Detailausschnitte aus dem unerklärlichen Felslabyrinth über der Stadt Cuzco lassen die Vermutung zur Gewißheit werden: Hier war eine fortgeschrittene Technologie am Werk. Alle Felsen sind bearbeitet, die Oberflächen poliert, Zapfenlöcher paßten penibel genau in ihre Gegenstücke.

Die hier überprüfbare Technik war fortschrittlicher, perfekter, gigantischer und großzügiger als die, mit der die zyklopische Inka-Mauer von Sacsayhuaman erstellt wurde. Diese Felsverarbeitungen sind zudem älter als die Inka-Mauer.

Links: Mitten in Cuzco steht die Kirche Santo Domingo. Bei Grabungsarbeiten wurde diese eigenartige Nische freigelegt. Die Reste einer ehemaligen, sehr präzisen Technologie sind nicht zu übersehen.

Oben und folgende Seite: Kenko Grande heißt dieses Felsungetüm an der Straße von Cuzco nach Pisac, Peru. Die Inka veehrten den Fels und bauten ein Mäuerchen um einen Felssporn. Auf der Rückseite ist die gewaltige Felsmasse wie mit einem Riesenmesser abgeschnitten.

Rechts: Die Felsverarbeitungen und Mauern der hethitischen Stadt Hattuscha in der Türkei könnten genausogut in Peru stehen. Gleiche Lehrmeister = gleiches Produkt?

Oben: Die monumentalen Blöcke des Sphingentores von Alaca Hüjük wiegen hundert Tonnen.

Linke Seite: Der Bogen des Löwentors von Hattuscha liegt zwischen acht Meter dicken Zyklopenmauern.

Der hethitische König Tuthalija IV. ließ sich im Felsheiligtum von Jazilikaja verewigen. Wie seine göttlichen Vorfahren schmückte er sich mit dem »hohen Hut«.

Dasselbe Göttersymbol beanspruchten die ägyptischen Pharaonen. Auch das Symbol der geflügelten Kugel ist in Jazilikaja bereits um 1400 v. Chr. in den Fels geschlagen worden.

Srinagar im Hochland von Kaschmir, Indien. Hier liegt der alte Sonnentempel
von Martand. Die Mauersteine sind in »Inka-Manier« ineinandergefügt.

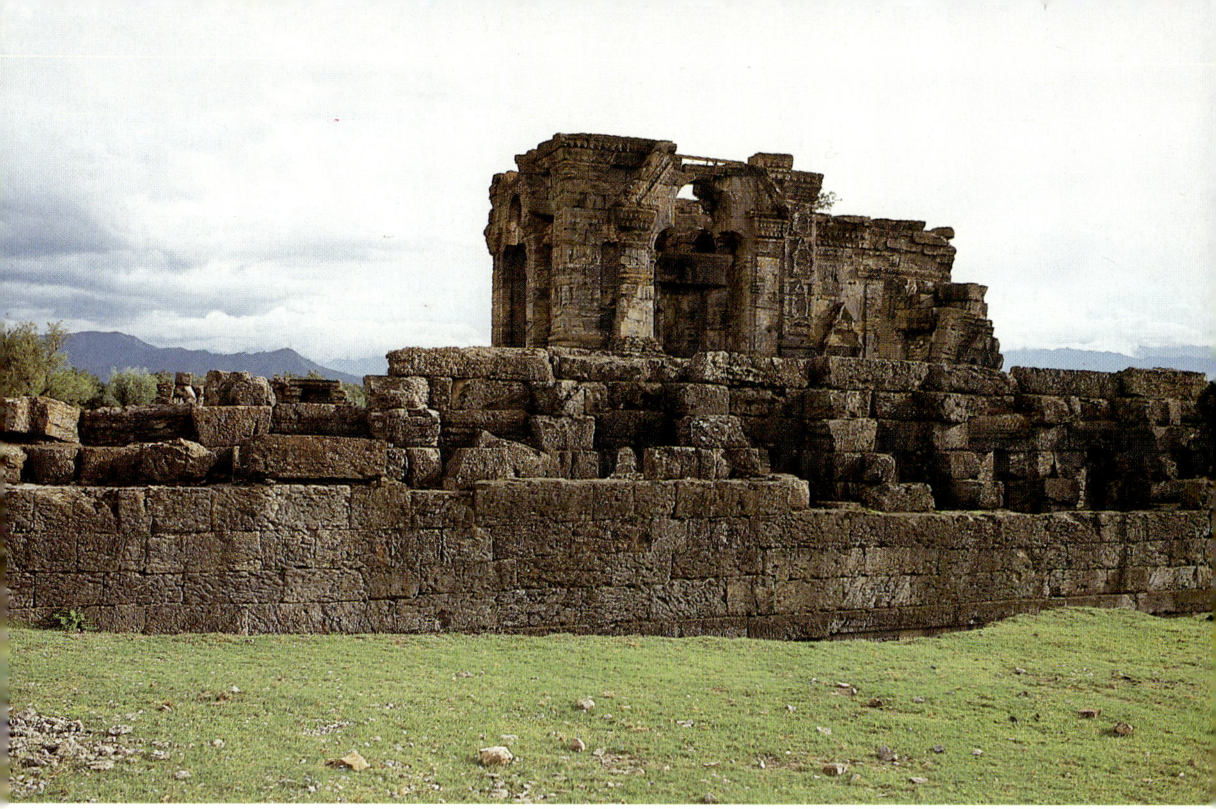

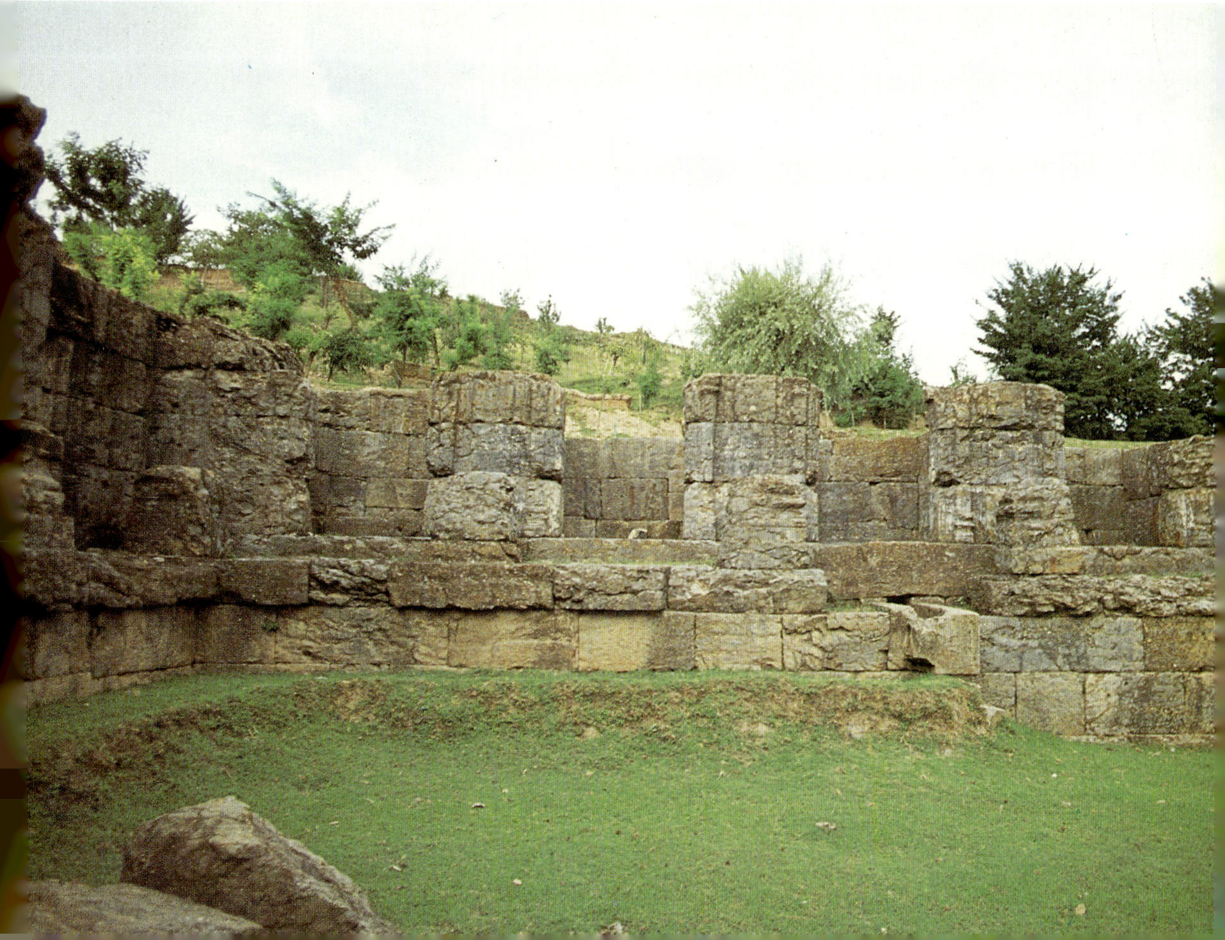

Überreste der Pyramide von Parahaspur, Kaschmir, Indien. Die Bauweise war identisch mit derjenigen der Maya in Zentralamerika.

Puma-Punku im Hochland von Bolivien: Panorama aus einer anderen Welt.
Oben und unten Links: »El Escritorio« – der Schreibtisch, ein bearbeiteter Andesitblock, der in kein gängiges Schema passen will. Besser als jede Beschreibung belegen die Detailaufnahmen auf der nächsten Seite die perfekte Planung und Verarbeitungstechnik der unbekannten Erbauer.

Schematische Zeichnungen von zwei Andesit-Blöcken. Der Block rechts ist 2,78 Meter lang, 1,57 Meter breit mit einer mittleren Höhe von 88 Zentimetern. Er weist sechs Hauptflächen auf, die ihrerseits in große und kleine Flächen unterteilt sind, wobei jede Fläche auf einer jeweils anderen Ebene liegt. Eine derartige Präzisionsarbeit würde heute mit Fräsen, Bohrern und Stahlschablonen ausgeführt. Welche Werkzeuge benutzten die Puma-Punku-Steinmetze?

Oben: Beispiele von Klammerverschlüssen an den Monolithen.

Diese Bilder stammen aus dem Jahr 1967. Damals lagen die angeblichen »Wasserleitungen« noch unberührt im Boden. Sowohl bei den gradlinigen wie bei den rechtwinkligen Stücken fehlten generell die *Unterteile*. Für Wasserleitungen wären wohl zu allen Zeiten Unterteile wichtiger als nur abdeckende Oberteile gewesen. In einem Falle entdeckte ich gleich zwei Halbröhren von 1,14 Metern Länge – ohne Unterteile! Falls der präinkaische Ingenieur feststellte, daß die Röhre zu wenig Wasser führte, warum vergrößerte er dann nicht die *eine* Rille. Weshalb ließ er in einem Abstand von nur zwei Zentimetern eine zweite Halbröhre anbringen?

Sprechen schon die fehlenden Unterteile dagegen, daß es sich um Wasser-leitungen handelte, reichen die doppelten und rechtwinkligen Stücke für eine endgültige Absage an die gängigen Erklärungen.

Oben: Ein rechteckiges Leitungsstück unberührt im Boden – und freigeschau-felt. Der untere Teil, die eigentliche Wasserrinne, fehlt. – *Unten:* Wo mit vorfabrizierten Elementen gebaut wird, die später ineinandergefügt werden müssen, ist Planung unerläßlich. Planung bedeutet Schrift. Die Aymara-Indianer, denen der Bau von Puma-Punku unterstellt wird, kannten keine Schrift.

Das monolithische Sonnentor von Tiahuanaco, nur anderthalb Kilometer von Puma-Punku entfernt. 48 geflügelte Figuren flankieren den von einem Strahlenkranz umgebenen Hauptgott. Eindrücklicher als das verwitterte Original belegen die Skizzen eine nie verstandene Botschaft. Was auf Anhieb wie ein stilisiertes Gesicht aussieht, könnte ebenso die schematische Zeichnung eines Motors sein.

Noch vor 25 Jahren ragten nackte Monolithen aus dem Boden von Tiahuanaco. An den Monolithen verliefen schnurgerade Rillen von oben nach unten, die offensichtlich dem Zweck dienten, mit Gegenstücken ineinandergefügt zu werden. Inzwischen haben emsige Restauratoren zwischen den Monolithen rechteckige Steine aufgeschichtet, die eine Tempelmauer ergeben. Dadurch sind die Rillen verdeckt. Ein wesentliches Indiz des *technischen* Tiahuanaco ist verschwunden.

Rechte Seite: Die »Abschußrampe« von »El Fuerte«.

Seite 155: Die rätselhafte Anlage »El Fuerte« beim Dörfchen Samaipata in Bolivien. Oben die Gesamtansicht, unten die »Abschußrampe« von gegensätzlichen Positionen aus fotografiert.

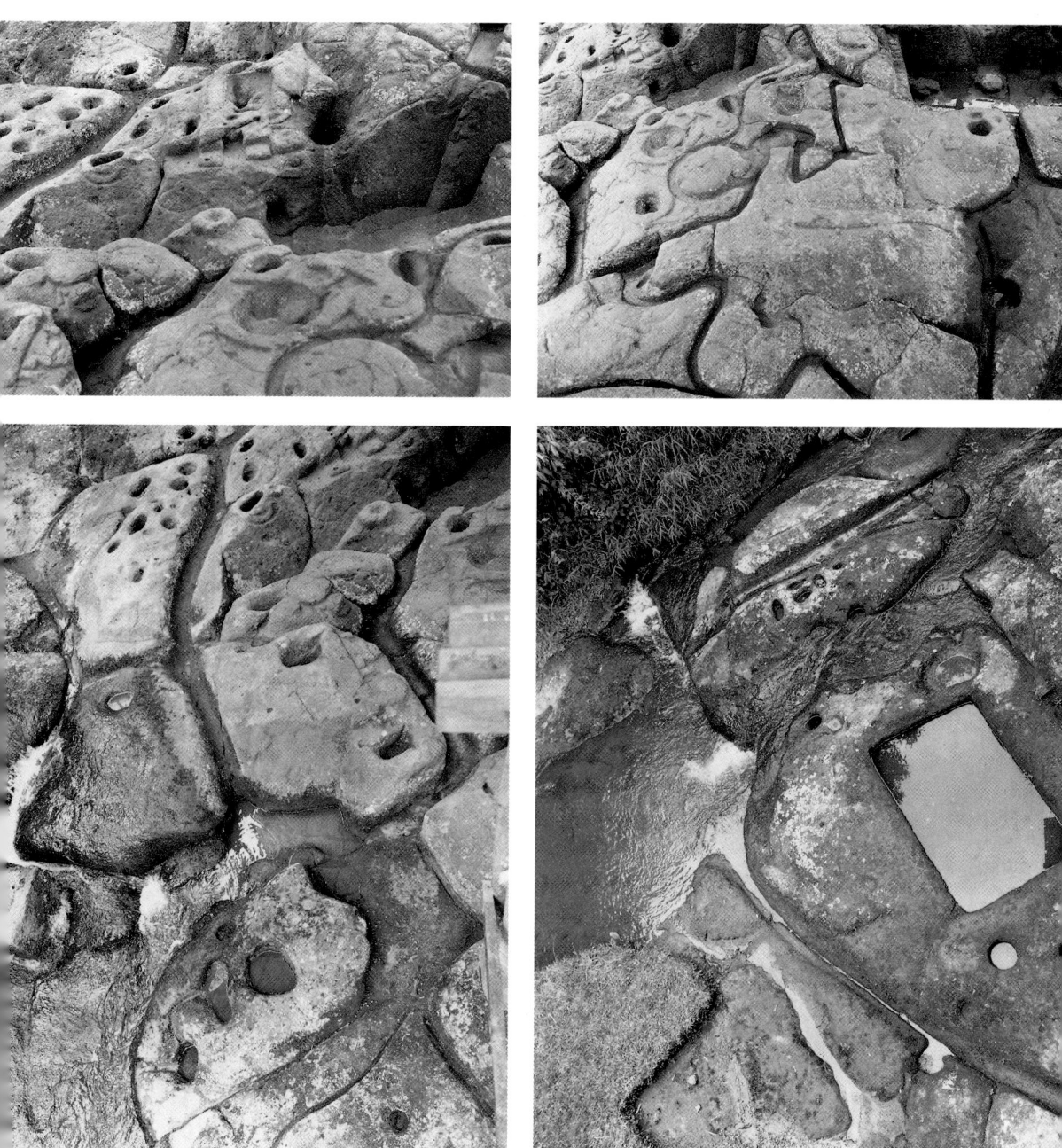

Links und oben: Auf der abgeflachten Bergkuppe von »El Fuerte« befinden sich Rondelle, Rillen, Dreiecke, Becken – ähnlich wie bei der »Quelle der Fußwaschung« von San Agustin in Kolumbien.
Die beiden Orte liegen 2500 Kilometer Luftlinie voneinander entfernt, getrennt durch Urwälder und Berge.

Machu-Picchu, der »Panzerschrank der Inka«, liegt am steilabfallenden Berghang zum Rio Urubamba. Die halsbrecherische Stadtburg existierte schon lange vor der Inka-Zeit und soll ursprünglich Tampu Tloco geheißen haben. Die Inka errichteten ihre Mauer auf bestehenden Monolithen. Auf allen Bildern ist der Stilbruch erkennbar. Es wurde auf den Überresten einer megalithischen Siedlung gebaut – oder sogar um die alten Megalithen herum.

Der »Sonnenstein«, »Intihuatana« genannt, ist aus einem Stück herausgehauen und mit dem Grundfelsen verwachsen. Vereinzelte Monolithen aus dem ursprünglichen Tampu Tloco liegen in der Gegend herum *(unten)*.

Die Maya-Stadt Tikal in Guatemala wurde um 1000 v. Chr. gegründet. Damals existierte das alte Rom noch nicht und in Europa hausten Nomaden.

Oben: So soll der Stadtkern von Tikal einst ausgesehen haben.
Unten: Dies ist der heutige Anblick.

Über sechzig noch stehende Pyramiden und Pyramidensockel sind in Tikal gefunden worden. Waren sie einst als Empfangsplattformen für die fliegenden Götter gedacht?

Viele der Stelen sind durch die Verwitterung unlesbar geworden und wachsen
wie stumme Zeugen eines unverstandenen Götterkultes aus den Ruinen.

Im gleißenden Sonnenlicht recken sich die noch erhaltenen Pyramiden aus dem grünen Dschungeldach dem Himmel entgegen.

Die Skulpturen von Copán wurden mit einer unglaublichen Kunstfertigkeit hergestellt. Das Monument oben trotzte bislang allen Erklärungsversuchen. Ein mißverstandenes Fahrzeug der Götter? *Unten:* die »Astronomenszene« – sie zeigt nach Meinung der Fachgelehrten vier Priester, die ein neues Datum errechnen.

Linke Seite:
Die Hieroglyphentreppe von Copán in Honduras ist mit Zeichen und Zahlen gespickt. Die Maya beherrschten von allem Anfang an eine komplette Schrift und ein raffiniertes Zahlensystem. Lehrmeister waren die Götter.

Oben: Die phantasievollen Stukkaturen der Maya ähneln den Götterdarstellungen im asiatischen Raum, insbesondere in Kambodscha und Indien. Identisch sind in beiden Erdteilen auch die steilen Stufenpyramiden.

Unten: Unter dem Gerümpel von Copán fand ich sitzende Gestalten mit angewinkelten Ellbogen und geschlossenen Fäusten. Vor ihren Oberkörpern müssen einst »Kästen« oder Geräte befestigt gewesen sein, die Aufhängevorrichtung ist deutlich erkennbar.

Maya-Astronomen kannten die Bahndaten der Venus so genau, daß sie in 6000 Jahren nur um einen einzigen Tag differierten. Die Umlaufbahn der Erde um die Sonne war ihnen mit vier Stellen hinter dem Komma – mit 365,2421 Tagen – bekannt. Diese Bilder der Stele D von Copán zeigen Datumsglyphen, die zusammengezählt 1 405 800 Tage oder etwas über 3815 Jahre ergeben. Umgerechnet auf unsere Zeit begann der Maya-Kalender am 11. August 3114 v. Chr. Damals stiegen die Lehrmeister vom Himmel hernieder.

Heute noch vollführen die
Kayapo-Indianer am Amazo-
nas einen Tanz zu Ehren der
himmlischen Lehrmeister auf.
Dabei wird der Lehrmeister
symbolisch in einem Ritualge-
wand aus geflochtenem Stroh
dargestellt, denn so ähnlich,
ohne Öffnungen für Augen,
Nase, Mund, habe der göttliche Bote ausgesehen.

Die Hopi-Indianer in Ari-
zona, USA, schnitzen Kat-
china-Puppen und zeigen all-
jährlich Katchina-Tänze. Die
Katchina waren die vom
Himmel gestiegenen Lehrer
der Vorfahren der Hopi.
Auch die vorinkaischen
Stämme in Peru stellten in
ihren Webereien sehr ähnliche
Figuren dar, die ebenfalls
himmlische Lehrmeister
repräsentierten.

Alle Tempel der alten Maya-Stadt
Tulum im heutigen Yucatan, Mexico,
waren dem herniederfahrenden Gott
geweiht, den die Archäologie zum
»Bienengott« deklassierte. Kunstvolle,
heute sehr verwitterte Stuckdarstel- ▷

lungen an vielen Tempeln zeigen dieses
herabfliegende Wesen mit menschlichem
Gesicht. Der »Bienengott« liegt kopf-
voran auf dem Bauch, die gespreizten
Arme sind angewinkelt, in seine Fäuste
passen Steuerknüppel. Beschuhte Füße
liegen auf Stelzenbeinen mit Auflagetellern. Federn symbolisieren den Flug.

Die wenigen, noch erhaltenen Fresken an den Innenwänden der Tempel zeigen furchterregende Götter, die undefinierbare Geräte handhaben.

Im Völkerkundemuseum von Westberlin stehen acht Stelen, die das Museum 1876 in Santa Lucia Cotzumalquapa, Guatemala, erwarb. Die Fachgelehrten erkennen darin kultische Szenen aus dem Ballspiel der Maya. Man übersieht dabei, daß die von Strahlenbündeln umgebenen, hernniederfahrenden Götter keine typisch zentralamerikanischen Motive sind. Ähnlich geratene Darstellungen sind international – ohne Ballspiel der Maya.

Auch der Tempel von Sayil *(oben und Mitte links)* war dem herabsteigenden Gott gewidmet, im Anthropologischen Museum von Mexico-City gibt es mehrere, gleichartige Darstellungen *(unten)* und auf einer altmexikanischen Zeichnung ist der himmlische Lehrmeister gar in einem Fahrzeug dargestellt, das über den Wolken fliegt *(Mitte rechts)*.

Sehr eindrückliche Skulpturen mit Götterschädeln und Helme mit Blickfenstern finden sich auch im Museo Popol Vuh von Guatemala City.

Auf den Stelen von Seibal im Petén, Guatemala, sind eindeutig technische Attribute erkennbar, die vermutlich auch von den damaligen Steinmetzen nicht begriffen wurden.

Wie in den Cargo-Kulten, die in unserem Jahrhundert entstanden, kopierten die technologisch unwissenden Künstler nur das, was sie mit bloßem Auge sahen. Dabei blieben ihnen die Handhabung und die Funktionen der technischen Geräte verschlossen.

Am Gouverneurspalast von Uxmal, Mexiko, hingen ursprünglich vier Götter, von denen die Überlieferung sagt, sie hätten die Menschen unterwiesen. Im Beispiel *oben* ist der Gott von einem Strahlenkranz umgeben.

Der Hauptpalast von Palenque, Mexiko, ist mit Göttern und Priestern verziert, von denen einige gar Rollschuhe tragen. Trotz den eindeutig sichtbaren
Schuhen und Bändern um die Knöchel erkennen Archäologen darin »Zahlen-
glyphen«. Rollschuhe für Schnelläufer würden hervorragend zu den gepflasterten Straßen der Maya passen.

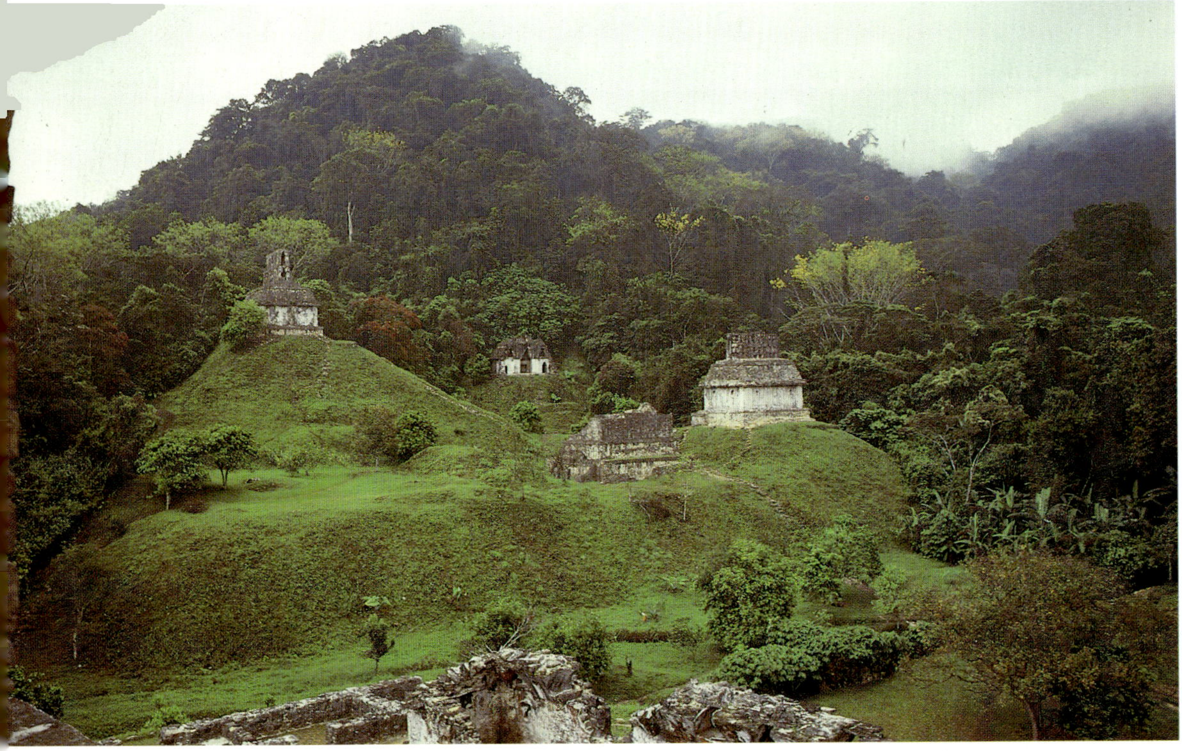

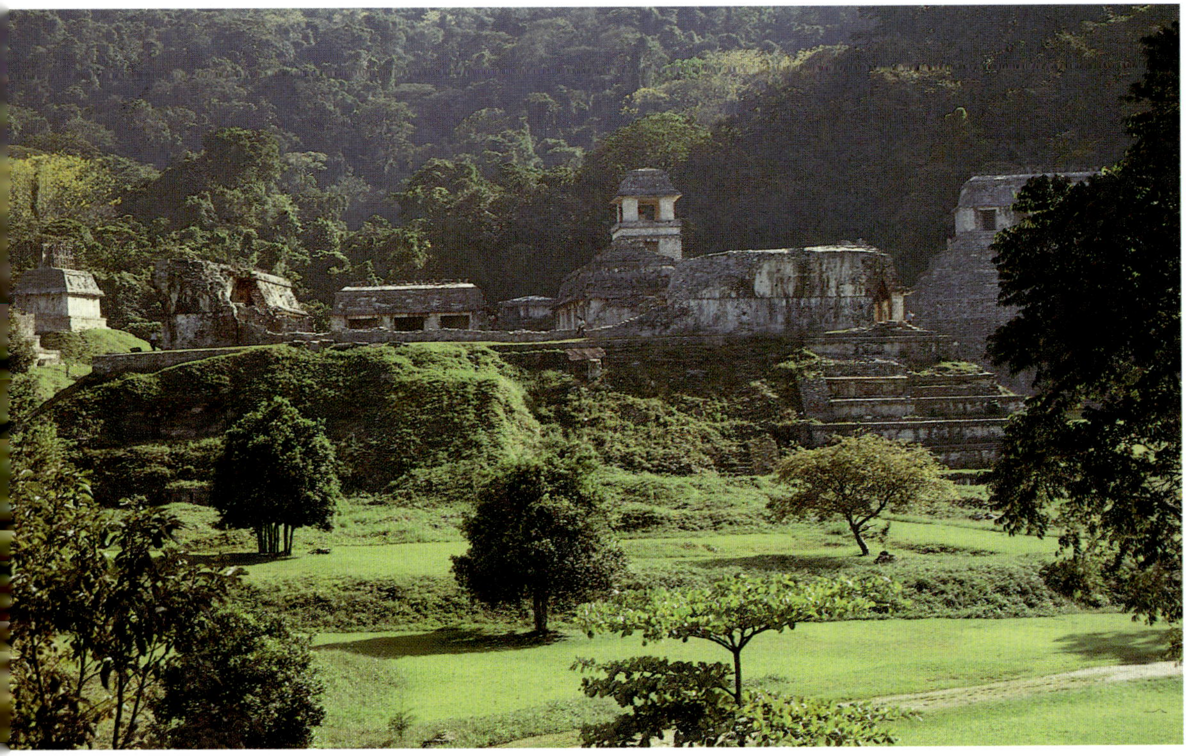

Die Archäologen gaben den Tempeln von Palenque klangvolle Namen wie »Tempel des Kreuzes«, »Tempel des Blattkreuzes« *(links oben)* »Struktur XIV« oder »Sonnentempel«. Niemand weiß, welche Bezeichnungen die Gebäude zu den Maya-Zeiten trugen. Die heutigen Hopi-Indianer in Arizona überliefern, Palenque sei so etwas wie eine Universitätsstadt gewesen. Lehrkräfte waren die von den Sternen gekommenen Katchina.

Seite 189 bis 191:

Am 15. Juni 1952 entdeckte der mexikanische Archäologe Dr. Alberto Ruz Lhuillier tief unter dem »Tempel der Inschriften« von Palenque *(rechts oben)* eine geheime Krypta. Von der Decke hingen ganze Vorhänge von dicken Stalaktiten, was auf ein sehr hohes Alter der unterirdischen Kammer schließen ließ. Ein einziger, wuchtiger Monolith von 3,80 Metern Länge, 2,20 Metern Breite und 25 Zentimetern Dicke belegte den Boden. In diese »Grabplatte von Palenque« – so der Fachausdruck – ist eine phänomenale Darstellung gemeißelt, die in ihrer Eindrücklichkeit unvergleichlich dasteht. Ein nach vorne geneigtes, menschliches Wesen sitzt in einer Art »Kapsel« oder Fahrzeug. Direkt vor der Nase hängt ein Gerät, die Gestalt bedient mit beiden Händen irgendwelche Kontrollen. Die Ferse des linken Fußes ruht auf einem Rasterpedal. Der rückwärtige Teil der Kapsel ist geschlossen, am hinteren Ende züngeln Flammen.

Weil auf dieser einzigartigen Platte Maya-Glyphen eingraviert sind, die auch anderswo auftauchen, erkennen die Fachgelehrten ein »Lebenskreuz«, ein »Erdungeheuer«, einen »Quetzal-Vogel«, und sogar die »Barthaare des Wettergottes«. Die sitzende Gestalt mit dem komplizierten Kopfschmuck wird als »Porträt eines Toten«, als »Totengott«, als »Symbol der Menschengattung«, als »junger Mann auf der Maske des Erdmonstrums«, als »Maisgott Yum Kox« oder schlicht als »Pacal«, das war der letzte Herrscher von Palenque, interpretiert.

Datiert wird die unterirdische Krypta mit der Grabplatte auf 603–633 n. Chr.

In Wirklichkeit kann die Platte selbst nicht datiert werden, denn die Datumsglyphen entsprechen Zyklen, die sich alle 52 Jahre wiederholen. Deshalb fahndeten die Archäologen nach Glyphen *außerhalb* des »Tempels der Inschriften«, und diese Glyphen wurden dann mit den Datumsglyphen auf der Grabplatte verglichen. Diese Methode ist nicht sauber. Datumsglyphen an anderen Gebäuden von Palenque können entstanden sein, als die phantastische Grabplatte tief unter dem Tempel der Inschriften längst existierte. Zudem verschweigen die Maya-Spezialisten, daß auf der Grabplatte Daten vorkommen, die ihrer eigenen Datierung völlig zuwiderlaufen. Man tröstet sich damit, der Steinmetz müsse sich »geirrt haben«! Warum werden die Stalaktiten ignoriert, die bei der Öffnung der Krypta von der Decke hingen? Das herrliche Relief auf der Platte braucht keine Interpretation. Die Bilder sprechen für sich.

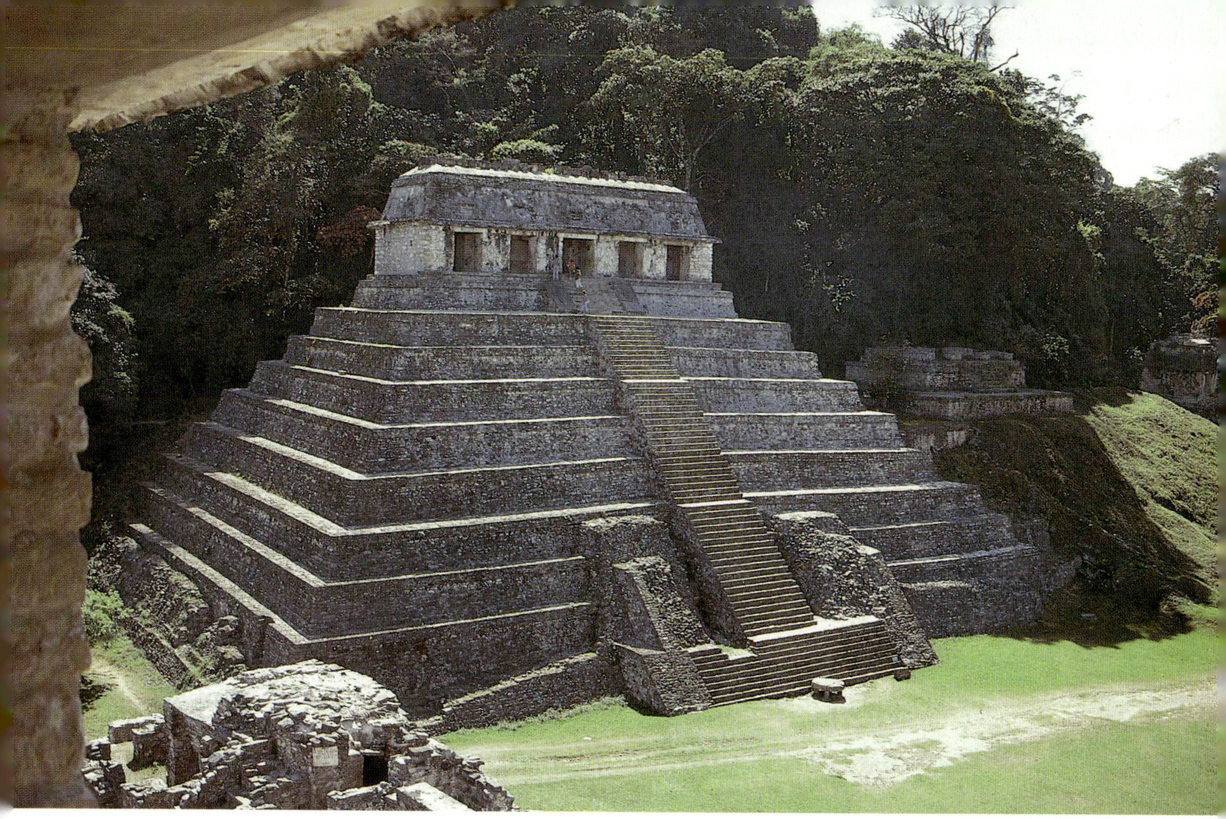

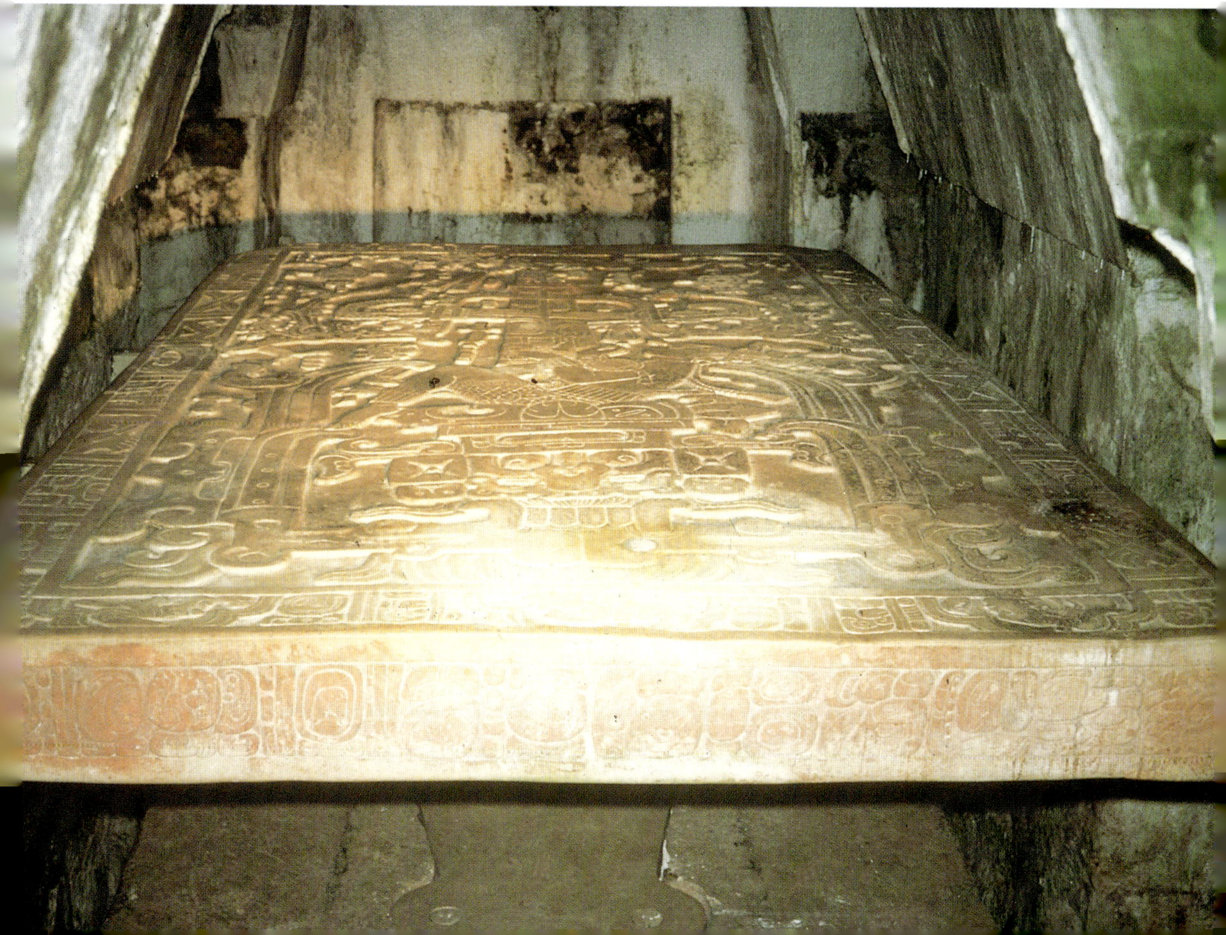

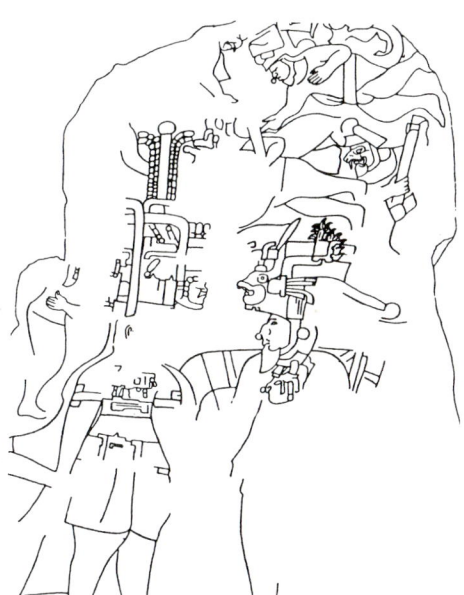

Die »La Venta-Stele Nr. 3« im Park von Villahermosa, Mexiko, mißt 4,27 × 2,03 Meter. Der obere, rechte Teil der Stele zeigt einen herabsteigenden, über der Szene schwebenden Gott mit enganliegendem Helm. Vor dem Kinn liegt eine Maske und direkt vor Nase und Mund ein Kügelchen, vergleichbar einem modernen Helmmikrophon. Der Künstler muß seinen Gott gut beobachtet haben.

Im »Drachenmonolithen« des »La Venta Parks« sitzt die menschliche Gestalt mit Helm in einem geschlossenen Raum – dem Drachen. Mit der rechten Hand wird ein Stab bedient, über dem Kopf hängt ein viereckiger Kasten. *Rechts unten:* Olmeken-Schädel im selben Park. *Rechts oben:* Der betende Priester mit den verschränkten Beinen könnte genausogut in einem indischen Tempel sitzen. Tatsächlich wird in indischen Sanskrit-Texten behauptet, die Götter hätten kleinere Menschengruppen aus Indien in ferne Länder geflogen.

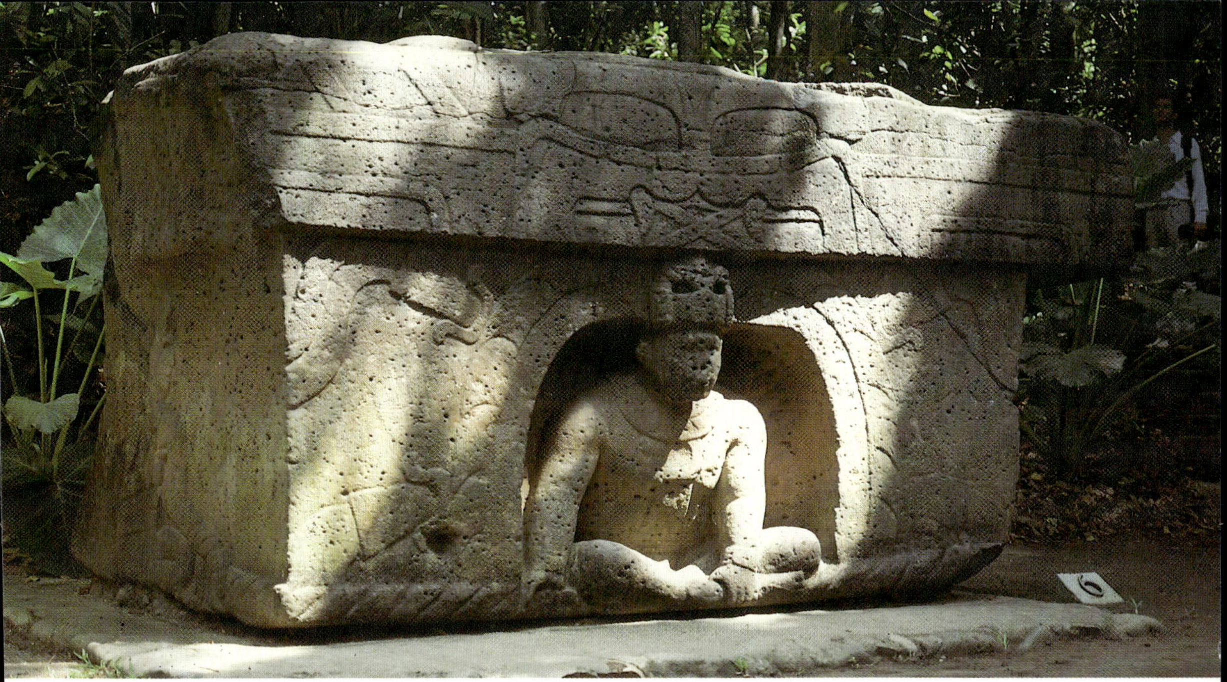

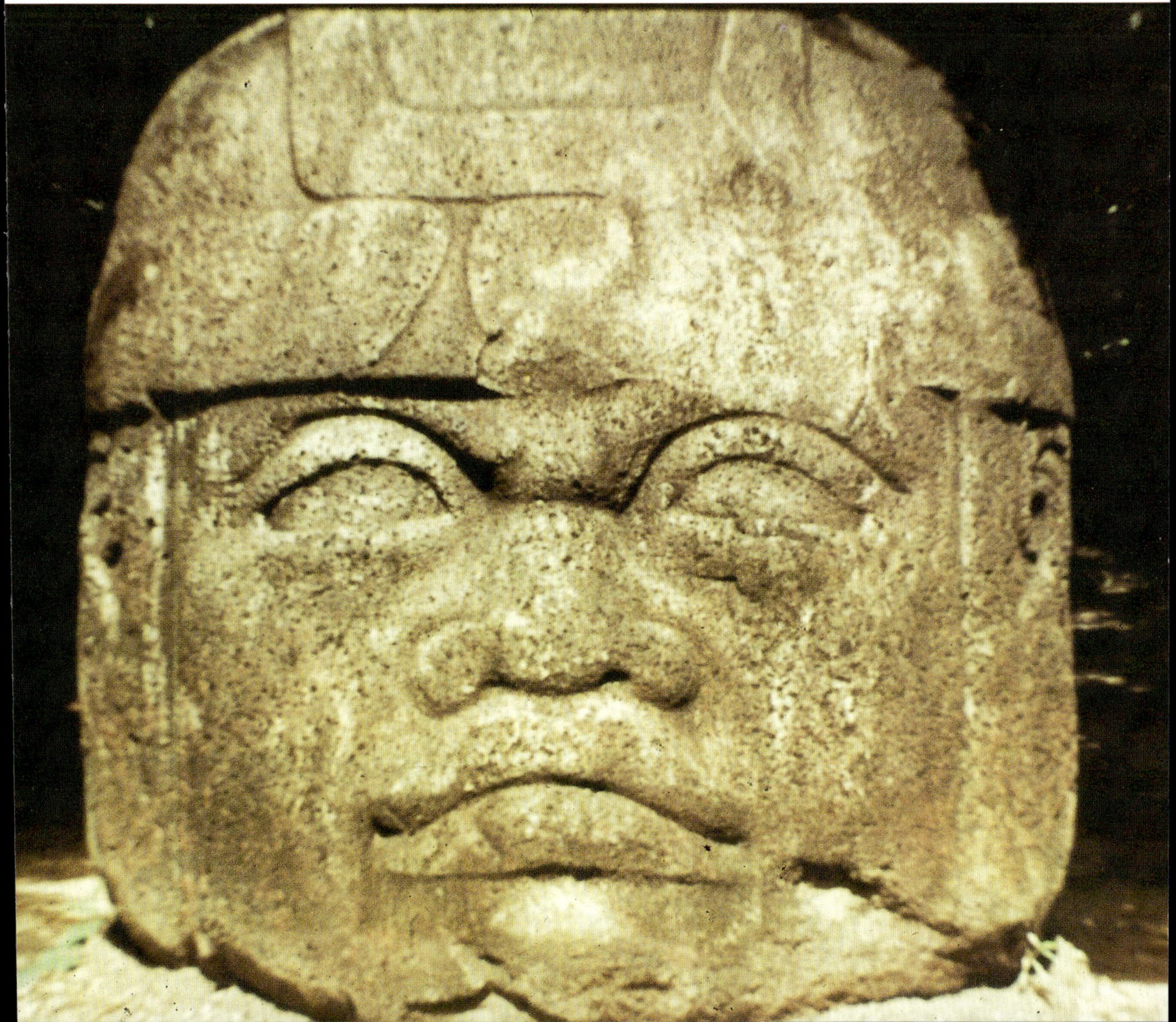

Diese präklassische Stele von Tikal, Guatemala, zeigt eine unbekannte Gottheit, die mit technischen Zutaten geradezu vollgestopft ist. Erkennbar sind Röhren, Windungen, Verschlüsse und ein aus mehreren Elementen bestehender Schlauch, der von der rechten Bauchseite zu den angewinkelten Armen und Händen verläuft.

Das Monument Nr. 3 von El Baúl, Guatemala zeigt die göttliche Gestalt mit Helm und enganliegendem Anzug. Der Helm ist mit einer Sichtscheibe versehen, dahinter die Gesichtszüge des Helmträgers. Vom Helm aus verläuft ein Schlauch zu einem »Tank« auf dem Rücken. Die verbrauchte Atemluft wird ausgestoßen. Auch in Tikal *(unten rechts)* wurden Figuren mit zahnradähnlichen »Tornistern« auf dem Rücken ausgegraben. Schwach erkennbar ist auch hier ein Schlauch, der vom »Tornister« über die Schultern verläuft.

Die Maya sollen das Rad nicht gekannt haben.
Ich fotografierte Räder und Zahnräder in
Copán *(oben und oben links)*, im Antrhopo-
logischen Museum von Mexico-City *(oben
rechts)* und Walzen in Uxmal.

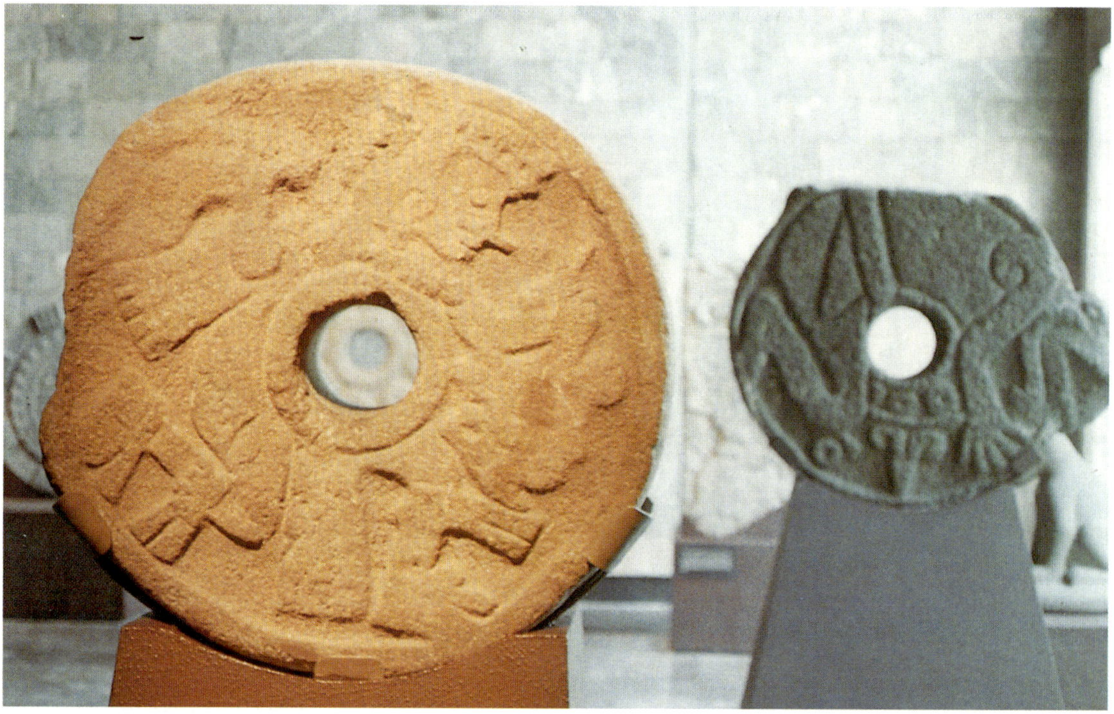

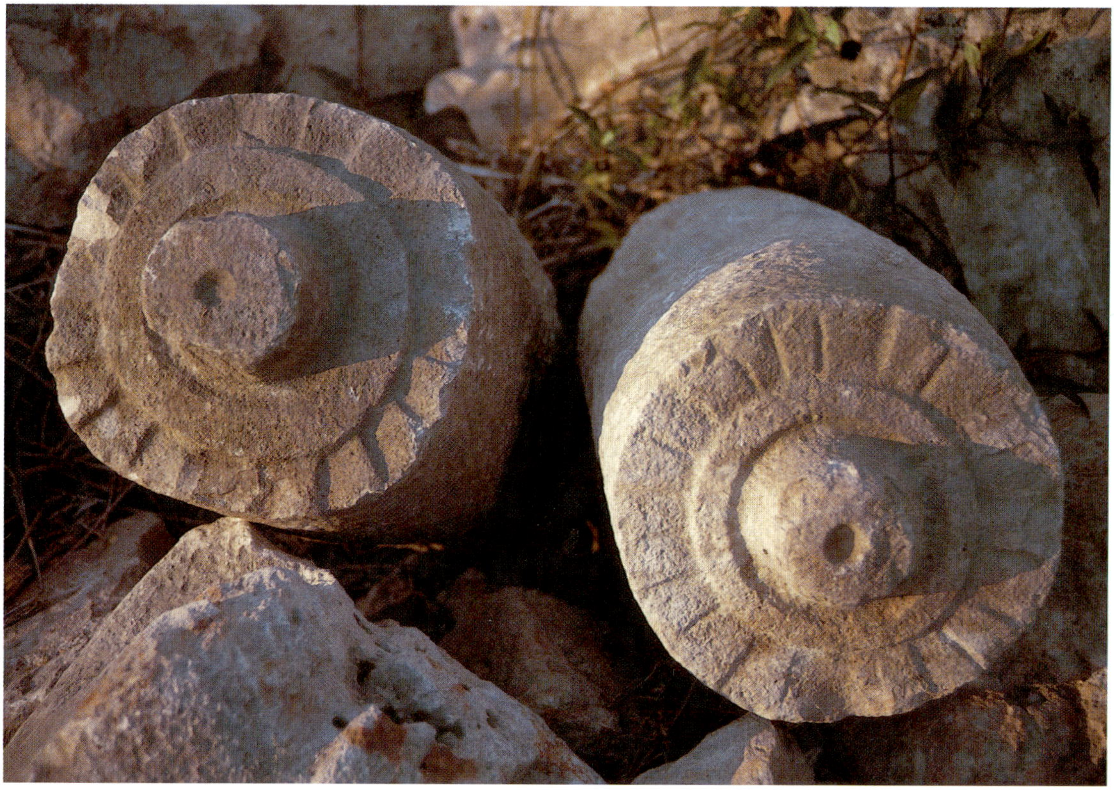

Teotihuacán am Stadtrand von Mexico City. *Vorhergehende Doppelseite:* Die »Straße der Toten« wurde von den steinzeitlichen Ingenieuren derart raffiniert vermessen, daß sie, von unten nach oben besehen, eine endlose Stiege ergibt, die mit der Sonnenpyramide verschmilzt *(links)*. Die umgekehrte Blickrichtung zaubert alle Stufen weg *(oben)*. Die »Straße der Toten« erwies sich mit ihren Gebäuden bis hinauf zum dahinterliegenden Berghang als Modell unseres Sonnensystems *(rechts)*.

Oben und unten rechts: Der Tempel des Gottes Quetzalcoatl mit den Fratzen der gefiederten Schlange, die eher an einen monströsen Drachen erinnert.
Unten links: Die Sonnenpyramide von Teotihuacán.

Rechte Seite: Ehemals prunkten die Wände von Tempeln und Pyramiden in leuchtenden Farben. Heute noch erkennbar sind geflügelte Schauergestalten.

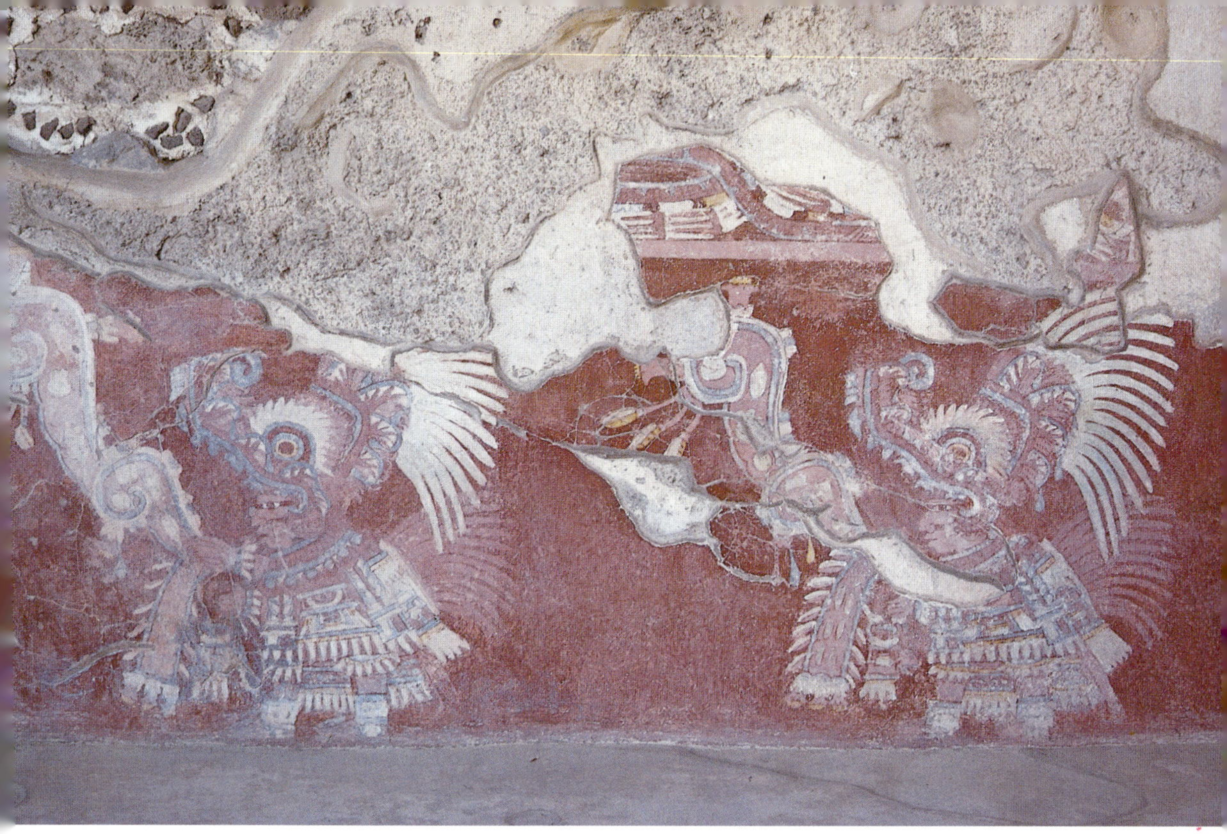

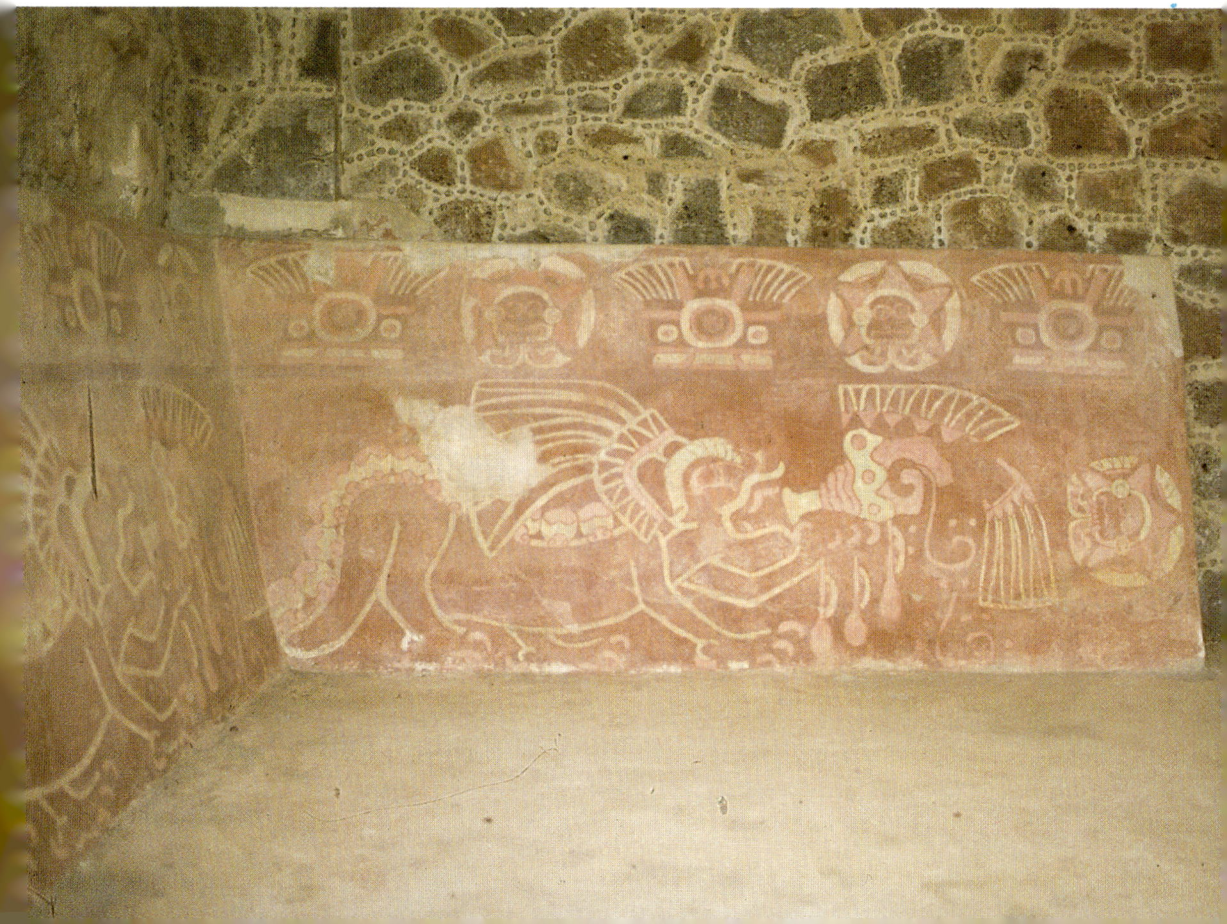

Unter der geöffneten Eisenplatte liegt die Decke
eines Kellerraumes. Im Sandwichverfahren ist eine
Schicht von zehn bis fünfzehn Zentimetern Glimmer zwischen die Steine gezogen. Der Glimmer ist
elastisch, bis achthundert Grad hitzefest und hält
Schocktemperaturen aus. Er ist gegen organische
Säuren immun und ein hervorragender elektrischer
Isolator. Glimmer ist lichtbogen- und kriechstromfest und widersteht Entladungen. Der
Durchsichtigkeit und Hitzefestigkeit wegen wird
er auch in die Fenster von Hochöfen eingesetzt.
Die steinzeitlichen Erbauer von Teotihuacán können von den Multieigenschaften des Glimmers
nichts gewußt haben. Was sollte in den Kellerräu-
men gegen Hitze, Säure und elektrische Schläge
(Blitze) isoliert werden?

In Tula, Mexiko, stehen die Götter auf einer Plattform. Die Legende berichtet, hier hätten die niedrigen Götter Kontakt mit den höheren Göttern gehabt und wären durch Schnüre miteinander in Verbindung gestanden. Die Götterstatuen von Tula haben Köpfe mit Brillenaugen und tragen Ohrenschutz und Kästen auf der Brust, in denen die Archäologen »Schmetterlingsembleme« erkennen. Mit zwei Fingern umfassen sie kuriose Gegenstände, von denen die Fachliteratur weiß, es wären »symbolische Schlüssel« oder »Schleudervorrichtungen für Pfeile«. Hier scheint eine technische Deutung sinnvoller zu sein.

Im Hochland von Mexiko liegt die wenig bekannte Tempelanlage von Malinalco. Der Vorplatz des Tempels ist aus dem nackten Fels geschnitten, das
eigentliche Heiligtum ein riesiger Felsendom.

Große Vögel sind in die Wände eingelassen, ein als Adler bezeichnetes Tier liegt inmitten eines steinernen Hufeisens. Die Tempelanlage ist vorgeschichtlich. Niemand kennt die Planer, niemand die Götter, die hier einst verehrt wurden.

Archäologische Datierungen reichen immer weiter zurück, die liebgewordene Chronologie gerät ins Wanken. So auch in der alten Maya-Stadt Acancéh, die noch in Monolithbauweise errichtet wurde.

Sumerische Rollsiegel gehören zu den ältesten Kleinstdenkmälern der Welt. Sie entstanden schon um 3000 v. Chr. und waren nur einige Zentimeter lang. Diese Rollsiegel waren sehr kunstvoll ausgeführt; die ältesten unter ihnen zeigen mythologische Gestalten und Symbole. Vogelmenschen, Fabeltiere, Zwitterwesen, technisch anmutende Gegenstände, fliegende Figuren in Himmelsbarken, doch auch Kugeln am Himmel und Sonnensysteme. Die Fachgelehrten sagen, diese Darstellung seien Abstraktionen. Abstraktionen von was? Begannen die Sumerer ihre Kleinbildkunst mit Abstraktionen? Die Abstraktion gilt doch als eine sehr hohe Stufe der Kunst. Rollsiegel sind ein erstklassiger Anschauungsunterricht für die festgefahrenen, verkehrten Deutungen über den Ursprung der Religionen unserer Vorfahren.

Nicht nur auf sumerischen Rollsiegeln, sondern auch an babylonischen und persischen Tempelwänden tauchen die als »fliegende Genien« bezeichneten Wesen auf. Oft sind es menschliche Gestalten mit einem oder zwei Flügelpaaren, dann wieder – wie hier aus dem Britischen Museum, London – geflügelte menschliche Körper mit den Köpfen von Raubvögeln. Diese »Genien« arbeiten am Lebensbaum. Was ist ein Lebensbaum? Literarische Belege aus dem alten Ägypten und Babylon bezeugen, einst hätten Götter den Menschen, doch auch verschiedene Mischwesen, geschaffen.

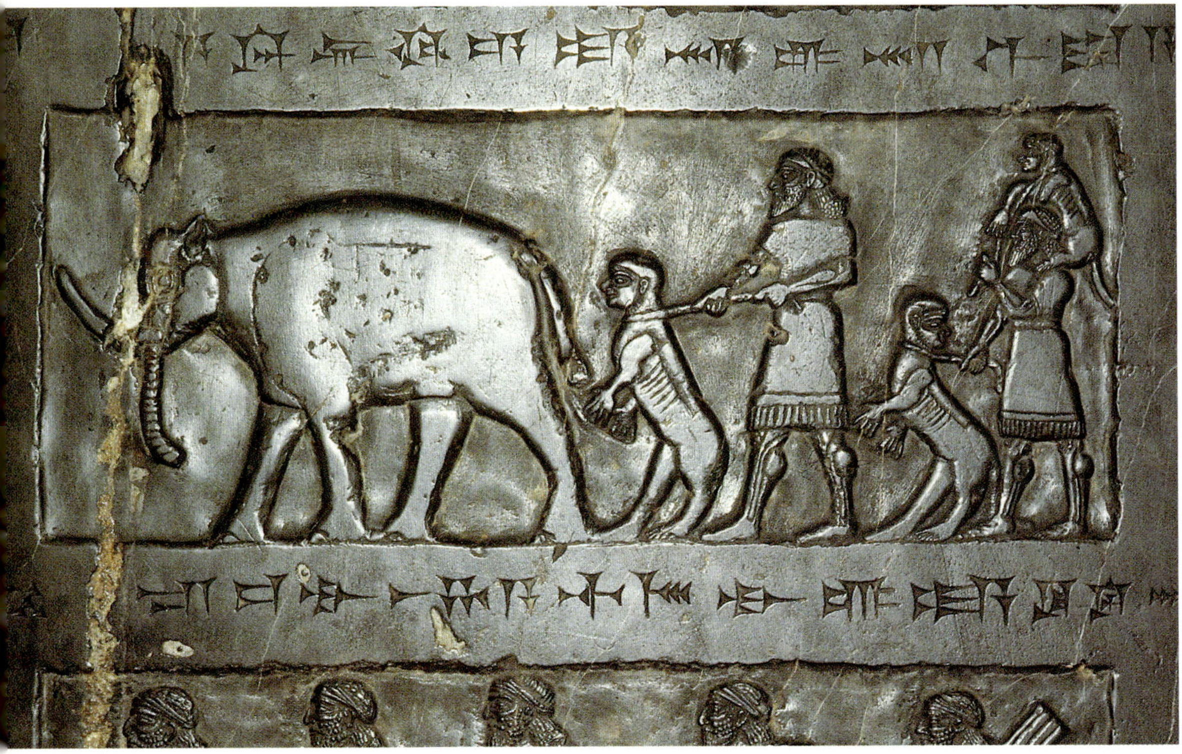

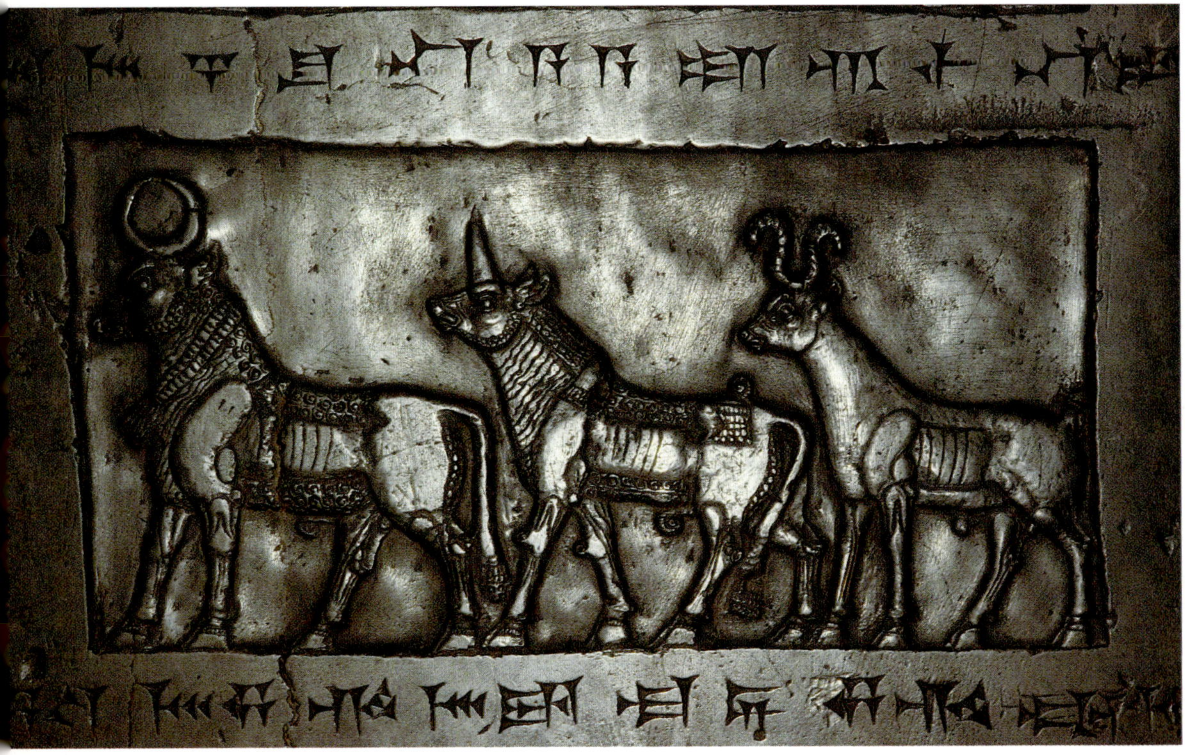

Vorhergehende Doppelseite:

Auf dem schwarzen Obelisken von Salamasar II. (Britisches Museum) werden hinter einem Elefanten seltsame Gestalten abgeführt. Daß der Künstler mit seiner Gravur reale Wesen einritzte, beweisen die ganz normalen Tiere auf demselben Obelisken *(unten)*.

Der eingemeißelte Begleittext spricht von »gefangenen Menschentieren«, die als Tribut abgeführt werden. Archäologen sehen in dem Zwitter einen Affen. Mag sein. Unmöglich wird das Affentheater bei der Darstellung *oben*. Die Mischwesen zeigen jugendliche Menschengesichter. Das linke »Menschentier« lutscht am Daumen ...

... das rechte zeigt uns allen die lange Nase.

Liebe Leserin

Lieber Leser Zu guter Letzt möchte ich Ihnen die AN-
CIENT ASTRONAUT SOCIETY vorstellen – abgekürzt AAS. Das
ist eine gemeinnützige Gesellschaft, die keinerlei Gewinn an-
strebt. Sie wurde 1973 in den USA gegründet. Inzwischen hat sie
Mitglieder in vielen Ländern.
Zweck dieser Gesellschaft ist das Sammeln, Austauschen und Pu-
blizieren von Indizien, die geeignet sind, folgende Ideen zu unter-
stützen:
– In *vor*geschichtlichen Zeiten erhielt die Erde Besuch aus dem
Weltall . . .
– Die gegenwärtige, technische Zivilisation auf unserem Planeten
ist nicht die erste . . . (oder)
– Beide Theorien kombiniert . . .

Die Mitgliedschaft in der AAS steht jedermann offen. Sie gibt im
Zwei-Monats-Rhythmus ein Mitteilungsblatt in Deutsch und Eng-
lisch heraus. Die AAS organisiert Studienreisen an archäologisch
interessante Fundplätze. Derartige Reisen leite ich meistens
selbst. Periodisch finden internationale Kongresse und nationale
Meetings statt. Bislang wurden 13 Weltkongresse und 18 nationale Tagungen durchgeführt.
Der Jahresbeitrag zur AAS beträgt SFR. 30.– oder DM 35,–. Im
deutschsprachigen Raum sind wir rund 2000 Mitglieder.
Ich würde mich freuen, wenn Sie weitere Auskünfte über die AAS
erbitten bei:
ANCIENT ASTRONAUT SOCIETY,
CH-4532 Feldbrunnen.

Herzlich Ihr

ERICH von Däniken